AF357290

RÉFORMATION GENERALE

de la Maîtrise

DES EAUX ET FORÊTS D'ARQUES,

Département de Roüen,

ORDONNÉE par Arreſt du Conſeil & Lettres Patentes, du 26. Février 1732. regiſtrées au Parlement de Roüen, le 20. Mars, au Gréfe de la Réformation genérale, le 3. Mai, & à celui de la Maîtriſe d'Arques, le 8. Mai 1732.

A ROUEN,

Chez JEAN-B. BESONGNE, Imprimeur ordinaire du Roy, au coin vis-à-vis la Fontaine S. Lo, à l'Imprimerie du Louvre.

M. DCC XXXIV.

AVEC PRIVILEGE DE SA MAJESTE.

ARREST
DU CONSEIL D'ETAT
DU ROY,

PORTANT qu'il sera procedé à la Réformation generale de la Maîtrise d'Arques, & des Bois & Forêts en dépendans.

Du 16. Février 1732.

Extrait des Regiſtres du Conſeil d'Etat.

EU au Conseil d'Etat du Roy, l'Arreſt rendu en icelui, le 17. Mai 1718. & les Lettres Patentes expediées en conſéquence, le premier Juin de la même année; par leſquels pour les cauſes y contenuës, Sa Majeſté auroit commis les Sieurs de Pontcarré Premier Préſident au Parlement de Roüen, de Savary Grand-Maître des Eaux & Forêts du Département de Roüen, Aubert Grand-Maître des Eaux &

Forêts au Département de Caën ; & de Lespine Maître Particulier en la Maîtrise de Châteauneuf en Timerais , pour proceder à la Réformation generale de la
Maîtrise d'Arques , & des Bois & Forêts de Sa Majes-
té en dépendans , au Jugement des Délits , Dégradations & Malverfations qui y auroient été commis , & au
Réglement des Coupes & Aménagement defdits Bois
& Forêts , ainfi qu'il feroit jugé à propos par lefdits
Sieurs Commiffaires ; & ordonné qu'à la pourfuite &
diligence du Sieur Menin Lieutenant Particulier au Siége de la Table de Marbre du Palais à Paris , que Sa
Majefté avoit commis pour faire les fonctions de fon
Procureur Général au fait de ladite Réformation , les
Ufagers & les Propriétaires des Maifons & Heritages
enclavez dans lefdits Bois & Forêts , feroient tenus de
reprefenter , fi befoin étoit , pardevant lefdits Sieurs
Commiffaires , les Titres & Actes en vertu defquels ils
poffedoient lefdits Ufages , Maifons & Heritages , pour
en être par eux dreffé Procès verbal , enfemble des Délits , Dégradations , Malverfations & entreprifes qui fe
trouveroient y avoir été commis ; & que ce qui feroit
jugé par lefdits Sieurs Commiffaires , tant en Matiere
Civile que Criminelle , feroit exécuté en dernier reffort , en apellant avec eux le nombre de Graduez requis par l'Ordonnance : Le Procès verbal dreffé par lefdits Sieurs de Savary & Aubert , des Forêts d'Arques
& d'Eaüy , commencé le 18. Juillet 1718. & fini le 28.
Juin 1719. & les Procédures faites en conféquence. Et
Sa Majefté étant informée , que l'objet pour lequel cette Commiffion auroit été établie , n'a point eu fon exécution , le travail en aïant été interrompu , par la retrai-
te de quelques-uns des Sieurs Commiffaires , & autres
motifs ;

motifs; & qu'il feroit neceffaire de former une nouvelle Commiffion, pour connoître & réprimer les abus,
délits & malverfations qui fe font commis dans les Forêts de la Maîtrife d'Arques, avant & depuis l'année
1718. A quoi Sa Majefté defirant pourvoir, & faire
connoître fes intentions : Oüi le Raport du Sieur Or-
ry, Confeiller d'Etat & ordinaire au Confeil Roïal, &
Contrôleur Genéral des Finances ; LE ROY E'TANT
EN SON CONSEIL, a ordonné & ordonne que
par les Sieurs de Miffy Procureur General du Parlement de Roüen, le Paige Lieutenant Particulier au Bailliage de Roüen, & Cheret Procureur du Roy en la Maîtrife des Eaux & Forêts de Paris, que Sa Majefté a commis au lieu & place des Sieurs Commiffaires établis par
l'Arreft du Confeil & Lettres Patentes, des 17. Mai &
premier Juin 1718. il fera procedé à l'Inftruction & au
Jugement des Abus, Délits, Ufurpations & Malverfations commis avant & depuis ladite année 1718. foit
par les Oficiers, Gardes, Ajudicataires, Riverains ou
autres, dans les Forêts de Sa Majefté, dépendantes de
la Maîtrife d'Arques, circonftances & dépendances, &
au Réglement des Coupes & Aménagement defdits Bois
& Forêts, ainfi qu'il fera jugé à propos par lefdits Sieurs
Commiffaires ; à l'éfet de quoi, toutes les Piéces & Procedures faites en exécution defdits Arreft & Lettres Patentes, des 17. Mai & premier Juin 1718. feront remis au Gréfe des Sieurs Commiffaires nommez par le
prefent Arreft, pour fervir de Mémoires & d'inftruc-
tions. Ordonne Sa Majefté, qu'à la pourfuite & diligence du Sieur Gallois, Infpecteur des Eaux & Forêts,
au Département de Roüen, qu'Elle a commis pour faire les fonctions de fon Procureur Genéral au fait de

ladite Réformation, les Ufagers & les Propriétaires des Maifons & Heritages enclavez dans lefdits Bois & Forêts, feront tenus de reprefenter, fi befoin eft, pardevant lefdits Sieurs Commiffaires, les Titres & Actes en vertu defquels ils poffedent lefdits Ufages, Maifons & Heritages, pour en être par eux dreffé Procès verbal, fi fait n'a été, enfemble des Délits, Dégradations, Malverfations, Ufurpations & entreprifes, qui fe trouveront y avoir été commis, pour être le tout jugé définitivement & en dernier reffort, par lefdits Sieurs Commiffaires, tant en Matiere civile, ce qu'ils pouront faire au nombre de trois feulement, qu'en Matiere criminelle, en apellant avec eux le nombre de Graduez requis par l'Ordonnance : Leur permet Sa Majefté, en cas de maladie ou empêchement légitime, de commettre l'un d'entr'eux ou de fubdeléguer telle perfonne qu'ils voudront choifir, pour faire l'Inftruction & affifter aux Jugemens des Afaires dont il s'agit ; & au Sieur Procureur General, de fubftituer pour faire en fon abfence, telles requifitions qui feront trouvées néceffaires : Et pour l'éfet de la prefente Réformation, Sa Majefté attribuë aufdits Sieurs Commiffaires, tout pouvoir, jurifdiction & connoiffance, & icelle interdit à toutes fes Cours & autres Juges ; & ordonne que ce qui fera jugé par lefdits Sieurs Commiffaires, fera exécuté, nonobftant opofitions, récufations, prifes à partie, Clameur de Haro, Chartre Normande, ou autres empêchemens quelconques, pour lefquels ne fera diféré ; dont fi aucuns interviennent, Sa Majefté fe réferve & à fon Confeil, la connoiffance, & icelle interdit à fes autres Cours & Juges : Permet en outre Sa Majefté, aufdits Sieurs Commiffaires, de nommer pour

Gréfier de la preſente Commiſſion, telle perſonne qu'ils jugeront à propos : Et pour l'exécution du preſent Ar-reſt, toutes Lettres néceſſaires feront expediées. FAIT au Conſeil d'Etat du Roy, Sa Majeſté y étant, tenu à Marly le vingt - ſixiéme jour du mois de Février mil ſept cens trente-deux.

Signé, CHAUVELIN.

LETTRES PATENTES

ſur l'Arreſt du Conſeil ci-deſſus,

POUR la Réformation generale de la Maîtriſe d'Arques, & des Bois & Foréts en dépendans.

Du 26. Février 1732.

LOUIS par la grace de Dieu, Roy de France & de Navarre : A nos amez & feaux Conſeillers les Gens tenans nôtre Cour de Parlement à Roüen, SALUT. Deſirant faire procéder à la Ré-formation de la Maîtriſe d'Arques, & de nos Bois & Forêts dépendans de ladite Maîtriſe, Nous aurions par Arreſt de nôtre Conſeil, du 17. Mai 1718. & Lettres Patentes expédiées en conſéquence, le premier Juin de la même année, commis à cet éfet les Sieurs de Pont-carré Premier Préſident de nôtre Parlement de Roüen, de Savary Grand-Maître des Eaux & Forêts du Déparment de Roüen, Aubert Grand-Maître des Eaux & Forêts du Département de Caën, de Leſpine Maître Particulier de la Maîtriſe de Châteauneuf en Timerais, & le Sieur Menin Lieutenant Particulier au Siége de la Table de Marbre du Palais à Paris, pour faire les fonctions de nôtre Procureur en ladite Commiſſion : Et atendu que cette Commiſſion n'a pas encore eu ſon exécution, Nous avons réſolu d'en former une nouvelle, pour connoître & réprimer les abus, délits & malverſations, qui ſe ſont commis dans les Forêts de ladite Maîtriſe d'Arques, avant & depuis l'année 1718. en la forme & maniere portée par l'Arreſt de cejourd'hui rendu en nôtre Conſeil, Nous y étant ; pour l'exécution duquel Nous aurions ordonné que toutes Lettres néceſſaires ſeroient expédiées. A CES CAUSES, de l'avis de nôtre Conſeil, qui a vû l'Arreſt cejourd'hui rendu en nôtre Conſeil, Nous y étant, ci-ataché ſous le Contreſcel de nôtre Chancellerie, Nous avons conformément à icelui ordonné, & par ces Preſentes ſignées de nôtre main, ordonnons que par les Sieurs de Miſſy Procureur General de nôtre Parlement de Roüen, le Paige Lieutenant Particulier au Bailliage de Roüen, Cheret nôtre Procureur en la Maîtriſe des Eaux & Forêts de Paris, que Nous avons commis au lieu & place des Sieurs Commiſſaires établis par l'Arreſt de nôtre Conſeil & Lettres Patentes, des 17. Mai & premier Juin 1718. il ſera procedé à l'Inſtruction & au Jugement des Abus, Délits, Uſurpations & Malverſations commis avant & depuis ladite année 1718. ſoit par les Oficiers, Gardes, Ajudicataires, Riverains ou autres, dans les Forêts de Sa Majeſté, dépendantes de la Maîtriſe d'Arques, circonſtances & dépendances, & au Réglement des Coupes & Aménagemens deſdits Bois & Forêts, ainſi qu'il ſera jugé à propos par leſdits Sieurs Commiſſaires ; à l'éfet de quoi, toutes les Piéces & Procedures faites en exécution deſdits Arrêts & Lettres Patentes, des 17. Mai & premier Juin 1718. ſeront remis

mis

mis au Gréfe des Sieurs Commiſſaires nommez par ces Preſentes, pour ſervir de Mémoires & d'Inſtructions. Ordonnons qu'à la pourſuite & diligence du Sieur Gallois, Inſpecteur des Eaux & Forêts au Département de Roüen, que Nous avons commis & commettons pour faire les fonctions de Procureur General, au fait de ladite Réformation ; les Uſagers & les Propriétaires des Maiſons & Heritages enclavez dans leſdits Bois & Forêts, feront tenus de repreſenter ſi beſoin eſt, pardevant leſdits Sieurs Commiſſaires, les Titres & Actes en vertu deſquels ils poſſedent leſdits Uſages, Maiſons & Heritages, pour en être par eux dreſſé Procès verbal, ſi fait n'a été, enſemble des Délits, Dégradations, Malverſations, Uſurpations & entrepriſes, qui ſe trouveroient y avoir été commis, pour être le tout jugé définitivement & en dernier reſſort par leſdits Sieurs Commiſſaires, tant en Matiere civile, ce qu'ils pouront faire au nombre de trois ſeulement, qu'en Matiere criminelle, en apellant avec eux le nombre de Graduez requis par l'Ordonnance : Leur permettons en cas de maladie ou empêchement légitime, de commettre l'un d'entr'eux ou de ſubdéleguer telle perſonne qu'ils voudront choiſir, pour faire l'inſtruction & aſſiſter aux Jugemens des Afaires dont il s'agit ; & au Sieur Procureur Général, de ſubſtituer pour faire en ſon abſence, telles requiſitions qui feront trouvées neceſſaires : Et pour l'éfet de la preſente Réformation, Nous atribuons auſdits Sieurs Commiſſaires, tout pouvoir, juriſdiction & connoiſſance, & icelle interdiſons à toutes nos Cours & autres Juges ; ordonnons que ce qui fera jugé par leſdits Sieurs Commiſſaires, fera exécuté, nonobſtant opoſitions, récuſations, priſes à partie, Cla-

meur de Haro, Chartre Normande ou autres empêchemens quelconques, pour lesquels ne sera diféré, dont
si aucuns interviennent, Nous nous réservons & à nôtre
Conseil la connoissance, & icelle interdisons à nos autres Cours & Juges : Permettons en outre ausdits Sieurs
Commissaires, de nommer pour Gréfier de la presente
Commission, telle personne qu'ils jugeront à propos. SI
VOUS MANDONS que ces Presentes vous aïez
à faire lire, regiſtrer, & le contenu en icelles exécuter, cessant & faisant cesser tous troubles & empêchemens quelconques ; CAR tel est nôtre plaisir. DONNÉ
à Marly, le vingt-sixiéme jour de Février, l'an de grace mil sept cens trente - deux ; & de nôtre Régne le
dix - septiéme. Signé, LOUIS : Et plus bas, Par le
Roy, CHAUVELIN, avec gril & paraphe. Et scellé
en queuë du grand Sceau de cire jaune.

Extrait des Regiſtres de la Cour de Parlement.

Du 20. Mars 1732.

VEU par la Cour, la Grand'Chambre assemblée,
les Lettres Patentes de Sa Majeſté, données à
Marly, le 26. Février dernier, sur l'Arreſt du Conseil
du même jour ; qui ordonne la Réformation de la Maîtrise d'Arques & Bois en dépendans, par des Commiſ-
saires y nommez : Ordonnance de la Cour, en date du
jourd'hier, portant Soient lesdites Lettres communi-
quées au Procureur General : Lesdites Lettres Patentes
ci-dessus datées, & Arreſt du Conseil ataché sous le
Contrescel d'icelles : Conclusions du Procureur Genè-
ral du Roy, & oüi le Raport du Sieur le Pesant de
Boisguilbert, Conseiller-Commissaire : Tout considéré ;

LA COUR, la Grand'Chambre assemblée, a ordonné & ordonne que lesdites Lettres Patentes sur Arrest du Conseil, seront registrées ès Registres de la Cour, pour être exécutées selon leur forme & teneur : Ordonne que les Vidimus d'icelles seront envoïez aux Siéges de la Table de Marbre & de la Maîtrise d'Arques, pour y être pareillement enregistrez, lûs & publiez à l'Audience d'icelles, à la diligence des Substituts du Procureur General du Roy, & afichées par tout où besoin sera. A Roüen en Parlement, le vingtiéme jour de Mars mil sept cens trente-deux. *Collationné*, FOUET. Signé, AUZANET, avec paraphe.

CEjourd'hui troisiéme jour de Mai mil sept cens trente-deux, Messieurs les Commissaires de la Réformation generale assemblez à Roüen, sur les dix heures du matin, en l'Hôtel de Monsieur de Missy, Conseiller du Roy en ses Conseils, Procureur General du Parlement de Roüen, un des Commissaires generaux de ladite Réformation ; les presentes Lettres Patentes de Sa Majesté ont été lûës, & registrées sur le Registre de ladite Réformation, pour être exécutées selon leur forme & teneur, suivant l'Arrest desdits Sieurs Commissaires de ce jour ; ce requerant Monsieur Gallois Ecuïer, Seigneur du Bourbaudoüin, Conseiller du Roy, Procureur General de ladite Réformation, par Nous Ecuïer, Conseiller - Secretaire du Roy & du Parlement de Roüen, Gréfier de ladite Réformation, nommé par Messieurs les Commissaires.

Signé, COUSIN DE VINVAL, *avec paraphe.*

Les Arrest du Conseil & Lettres Patentes du 16. Février 1731. ci-dessus, ont été lûës, publiées & registrées en la Maîtrise des Eaux & Forêts d'Arques, pour être exécutées selon leur forme & teneur : Messieurs les Commissaires tenans l'Audience, presence des Oficiers de ladite Maîtrise, & ce requerant le Procureur General de la Réformation. A Dieppe, le huitiéme jour de Mai mil sept cens trente-deux.

Signé, COUSIN DE VINVAL.

RE'FORMATION

RÉFORMATION GENERALE
de la Maîtrise
DES EAUX ET FORESTS D'ARQUES,
Département de Roüen.

EXTRAIT DU REGISTRE PLUMITIF de la Réformation Generale de la Maîtrise des Eaux & Forêts d'Arques, Département de Roüen; contenant les Jugemens de tous les Riverains des Forêts & Bois Taillis, apartenans à Sa Majesté, & situez dans l'étenduë de ladite Maîtrise; ensemble les Réglemens generaux & particuliers, faits par Messieurs PIERRE-AUGUSTIN DURAND Chevalier, Seigneur DE MISSY, Conseiller du Roy en ses Conseils, & son Procureur General au Parlement de Normandie; PIERRE-ALEXANDRE LE PAIGE Chevalier, Seigneur DU PORT-PINCHE, Lieutenant Particulier au Bailliage & Siége Présidial de Roüen; & CHARLES-ANTOINE CHERET, Conseiller du Roy, & son Procureur en la Maîtrise des Eaux & Forêts de Paris, Commissaires Generaux de ladite Réformation, députez à cet éfet, par Arrest du Conseil & Lettres Patentes du 26. Février 1732.

VEU par Nous Commissaires Generaux, nôtre Procès verbal de Visite des Forêts & Bois Taillis, apartenans à Sa Majesté, & situez dans l'étenduë de la Maîtrise d'Arques, commencé le 19. Mai 1732. clos & fini le 8. Juillet 1733. Les Assignations commises en

A

conſéquence, à la requête du Sieur FRANÇOIS-PAUL GALLOIS
Ecuïer, Seigneur du Bourbaudoüin, Conſeiller - Avocat du
Roy aux Requêtes du Palais, Subſtitut au Parlement de Normandie, Inſpecteur General des Eaux & Forêts, au Département de Roüen, & Procureur General de ladite Réformation ;
aux Riverains ci-après nommez, pour repreſenter les Titres de
propriété des Heritages par eux poſſedez aux Rivés deſdites
Forêts : Les Piéces par eux produites, enſemble ce qui réſulte de nôtredit Procès verbal de Viſite, à l'égard de ceux qui
n'ont point produit, ainſi qu'il enſuit.

FOREST D'ARQUES.

Catteville. UNE Signification de l'année 1694. d'un Extrait de Rôle
arrêté au Conſeil, portant taxe de 12 liv. produit par le Sieur
Catteville de Malderée, Riverain de la Foreſt d'Arques ; en
conſéquence duquel il ſe prétend Engagiſte d'un Arpent
vingt perches de Bois Taillis, aux Rives de ladite Foreſt :
Contredits dudit Procureur General, ſignifiez audit Sieur de
Catteville ; Réponſe à iceux par lui fournie.

D'Ancourt. Une Copie collationnée produite par le Sieur d'Ancourt,
d'une Ajudication par decret, du premier Aouſt 1650. de la
Terre du Pontrancart : Contredits dudit Procureur General,
ſignifiez audit Sieur d'Ancourt ; Réponſe à iceux par lui fournie.

**Habitans
d'Ancourt.** Une Quitance du 27. Juin 1640. produite par les Habitans d'Ancourt, de 225 livres par eux païées, pour taxe des
Biens qu'ils poſſedent en commun : Une autre Quitance du
31. Juillet 1731. de 33 liv. 10 ſ. pour l'Impoſition annuelle
ſur les Communautez Laïques, à cauſe des Communes &
Uſages : Contredits dudit Procureur General, ſignifiez auſdits Habitans d'Ancourt.

Lamberville. Une Requête du Sieur de Lamberville, ſur l'Aſſignation
à lui commiſe, par laquelle en réïtérant les déclarations portées en ſes Requêtes du mois de Mai 1719. qu'il n'entend

poſſeder ni être Propriétaire d'aucune liſiere ni autre portion de Bois joignant la Foreſt d'Arques, & qu'il n'a afermé la liſiere en queſtion , il conclut à être déchargé de
ladite Aſſignation : Contredits dudit Procureur General.

Une Copie collationnée d'une Chartre du mois de Mai Habitans de Sauchay.
1190. du Sieur de Sauchay Ecuïer , Connétable d'Eu, produite par les Sindic & Habitans de Sauchay ; des Aveux des 7.
Novembre 1635. 10. Juin 1678. & 12. Juillet 1707. rendus
à la Seigneurie de Sauchay par leſdits Habitans ; par leſquels
ils ſe prétendent Propriétaires de deux piéces de Terre en
patis , aux Rives de ladite Foreſt, contenant environ ſeize
Acres : Contredits dudit Procureur General ; nôtre Ordonnance du 27. Avril 1733. pour l'Arpentage deſdites Communes, ſignifiée le 10. Mars 1734. Le Procès verbal du 15.
du même mois, d'Arpentage fait deſdits Patis , par Loüis Lefebvre, Arpenteur de la Réformation.

Une Copie collationnée d'Extrait d'Arreſt du Conſeil , du Daſcheux.
21. Mars 1692. d'Ordonnance du Sieur Grand-Maître, du
29. Mars 1692. & de Procès verbal du 9. Avril ſuivant, d'Arpentage & bornage, produits par le Sieur Dacheux d'Inerville, par leſquels il a été maintenu en la proprieté de dix
Arpens 63 perches de Bois de ſon Fief d'Inerville , joignant
ladite Foreſt.

Une Permiſſion produite par le Sieur Mitifeu, repreſen- Mitifeu.
tant le Sieur Guillot, acordée à ce dernier en 1670. & 1671.
d'exploiter une liſiere aux Rives de ladite Foreſt : Une autre
Permiſſion du 26. Aouſt 1665. acordée audit Guillot, par le
Sieur Voiſin : Contredits dudit Procureur General , ſignifiez
audit Mitifeu ; Réponſe par lui fournie à iceux, & à laquelle eſt jointe une Sentence de la Maîtriſe d'Arques , du 7.
Mars 1631.

Ce qui réſulte de nôtredit Procès verbal de Viſite, con- Rouſſeau.
cernant Nicolas Rouſſeau, Riverain de ladite Foreſt.

Forest d'Ar-ques.
Gonneville.

Une Requête de la Dame de Gonneville, aux fins d'être déchargée de la demande dudit Procureur Genéral, vû sa longue poffeflion, & qu'elle a perdu fes Titres en 1694. dans l'incendie caufée par le Bombardement de la Ville de Dieppe : Contredits dudit Procureur General.

Vieux-Roy.

Une Copie collationnée d'une Sentence du Vicomte d'Arques, du 18. Décembre 1690. Autre Copie collationnée d'un Contrat de fiéfe, du 12. Janvier 1690. produites par le Sieur de Vieux-Roy, avec une Requête : Contredits dudit Procureur General ; nôtre Ordonnance du 4. Mai 1733. fignifiée audit Sieur de Vieux-Roy : Réponfe d'icelui, avec Copies collationnées des Contrats de vente & fiéfe, des 12. Février 1678. & 3. Juin 1680.

Groulard.

Une Ajudication du 24. Septembre 1596. faite par les Sieurs Commiffaires de Sa Majefté, pour l'alienation des Terres vaines & vagues, aux Rives des Forêts de Normandie : Une Quitance du 16. Décembre 1696. de païement du prix de ladite Ajudication : Autre Ajudication du 20. Décembre 1603. faite par le Sieur de Fleury Grand-Maître : Trois Quitances du dernier Décembre 1606. du païement du prix d'icelle : Une Déclaration du 29. Mars 1604. paffée par le Sieur de S. Suplix, au profit du Sieur Groulard : Une Sentence de la Table de Marbre, du 6. Mars 1619. Un Procès verbal du 5. Décembre 1619. de Vifite faite par les Oficiers de la Maîtrife d'Arques : Une Sentence de ladite Maîtrife, du 5. Janvier 1623. Un Contrat de vente du 5. Aouft 1581. produit par le Sieur Groulard de Torcy, avec une Requête : Contredits dudit Procureur Genéral, fignifiez audit Sieur de Torcy : Réponfe fournie à iceux par la Dame veuve dudit Sieur de Torcy, & à laquelle étoit joint un Jugement du 28. Mars 1537. rendu par les Sieurs Commiffaires de la Réformation : Un Procès verbal du 24. Avril 1537. de Mefurage & bornage : Un autre Jugement defdits Sieurs Commiffaires du 2. Avril 1538. & encore un autre rendu par ledit Sieur Grand-Maître, le 8. Mars 1541.

Nôtre Ordonnance renduë par défaut, le 17. Mai 1734. contre le Sieur de Courcy : Une Requête d'opoſition à icelle, preſentée par le Sieur de Ribeuf ſon frere.

Un Extrait de Procès verbal du 5. Aouſt 1575. dreſſé par des Commiſſaires pour l'alienation de Terres vaines & vagues : Un Extrait de la Réformation de 1668. par laquelle le Sieur de Raſſent eſt maintenu en la proprieté de dix-ſept Arpens quatre-vingt-douze perches de Bois joignans ladite Foreſt : Une Quitance du 18. Juin 1710. de rachat à perpetuité fait par le Sieur de Raſſent, de Rentes au Domaine, à cauſe de ſes vingt Acres de Terre, ſçiſes à ladite Foreſt : Leſdites Piéces produites avec une Requête par le Sieur de Raſſent, Seigneur d'Archelles : Contredits dudit Procureur General : Nôtre Ordonnance du 28. Avril 1733. ſignifiée audit Sieur de Raſſent : Procès verbal d'Arpentage en conſéquence d'icelle, du 5. Avril 1734.

Nôtre Jugement rendu par défaut, le 28. Avril 1733. contre les P. Jéſuites de Dieppe, Titulaires du Prieuré de S. Etienne, à eux ſignifié : Requête d'opoſition audit Jugement ; & un Congé de la Maîtriſe d'Arques, du 14. Mars 1675. produit par leſdits P. Jéſuites : Contredits dudit Procureur General.

Deux Sentences de la Maîtriſe d'Arques, des 9. Décembre 1627. & 23. Aouſt 1630. Un Procès verbal d'Arpentage, du 27. Février 1631. Une Sentence de la Table de Marbre, du 4. Avril 1631. Une Sentence des Pleds d'Arques, du 10. Juin 1641. Des Aveux rendus au Chapitre de Roüen, les 1ᵉʳ. Septembre 1631. 9. Juillet 1678. 13. Juin 1703. & 11. Juillet 1724. D'autres Aveux rendus au Sieur de Blanbaton, les 26. Avril 1606. & 4. Mai 1726. Un Congé de la Maîtriſe, du 16. Juin 1655. Un Procès verbal d'Arpentage, du 8. Mars 1656. Deux autres Congez des 11. Mars 1667. & 25. Février 1677. Une Quitance du 6. Décembre 1677. du Droit de Tiers & Danger : Un Acte de lots & partages du

34. Septembre 1677. produits avec une Requête par le Sieur Croiſé.

Une Tranſaction du 11. Mai 1697. Deux Aveux rendus au Chapitre de Roüen, les 21. Juin 1700. & 19. Juin 1706. Deux Contrats de vente, des 5. Fevrier 1705. & 17. Avril 1731. produits par Charles Dubos.

Les Piéces & Requêtes ci-deſſus produites par ledit Sieur Croiſé.

Tous les ci-deſſus nommez, Riverains de ladite Foreſt d'Arques.

FOREST D'HELLET.

NôTRE Jugement par défaut, rendu le 2. Mai 1733. contre le Sieur Préſident Durey, Marquis de Mainieres, & à lui ſignifié : Requête d'opoſition de ſa part audit Juge-ment : Copie collationnée d'un Arreſt rendu le 24. Décem-bre 1593. par les Sieurs Commiſſaires, pour l'alienation des Domaines de Sa Majeſté : Un Jugement de Meſſieurs les Maréchaux de France, du 19. Janvier 1599. Un autre du Sieur de Fleury Grand-Maître, du penultiéme de Mai 1603. Un autre du Sieur Voiſin, du 20. Décembre 1665. Deux Arrêts préparatoires, rendus par le Conſeil, les 26. Mai 1667. & 17. Juin 1669. ſur la Requête dudit Sieur de Mainieres : L'Avis du Sieur de Maſcarany Grand-Maître, du 9. Janvier 1672. Une Lettre de Cachet du Roy Henry IV. du 5. Mai 1591. Arreſt définitif rendu par le Conſeil, le 11. Avril 1672. par lequel ledit Sieur de Mainieres eſt maintenu en la pro-prieté des Bois par lui prétendus, nonobſtant le Jugement du Sieur Voiſins, du 22. Décembre 1665. & qui ordonne que l'Amende conſignée par ledit Sieur de Mainieres, lui ſera reſ-tituée : Une Ordonnance du Maître Particulier du Neufchâ-tel, du premier Juin 1672. Un Extrait de Rôle de Taxe, du 10. Janvier 1674. pour l'amortiſſement de Droits de Tiers &

Danger : Arreſt de la Chambre de Réformation de Roüen, du dernier Janvier 1676. portant modération de la Taxe dudit Sieur de Mainieres : Une Quitance de ladite Taxe, du 28. Décembre 1677. Un Arreſt du Conſeil, du 18. Décembre 1694. lequel décharge la Dame de Mainieres de la Taxe ſur elle impoſée, comme Engagiſte : Un Extrait de Procès verbal dudit Sieur de Maſcarany, du premier Juillet 1677. Un Contrat du 26. Décembre 1668. d'aquiſition de la Ferme des Coudrayes ; & un Aveu rendu à la Comté d'Eu, le 17. Février 1585. de la Ferme de l'Eſperonde.

Ce qui réſulte de nôtredit Procès verbal de Viſite, concernant le Sieur Archevêque de Roüen.

Un Contrat d'Echange du 17. Avril 1664. Un Aveu rendu au Chapitre de Roüen, le 17. Juillet 1687. Deux Contrats de vente, des 15. Mars 1699. & 16. Juillet 1701. Un Contrat de Fiéfe, du 9. Mai 1696. Un Aveu rendu audit Chapitre, le 22. Juin 1730. produits par Jean Petit : Contredits dudit Procureur General ; Réponſe dudit Petit à iceux, & Production nouvelle de ſa part, d'une Ajudication faite le 13. Aouſt 1603. par le Sieur de Fleury Grand-Maître, & d'un Contrat de vente, du 21. Septembre 1615.

Une Copie d'Ajudication, autoriſée par Arreſt de la Chambre des Comptes, du 21. Avril 1488. Une autre Ajudication par Decret, du 14. Juillet 1657. Une Quitance du 26. Octobre 1709. de Taxe païée pour amortiſſement de Rentes Domaniales, & produite par le Sieur Bruyer de Renneval.

Un Contrat de vente, du 13. Juin 1653. Un autre Contrat de Fiéfe, du 27. Juillet 1673. produits par le Sieur Marcatel.

Ce qui réſulte de nôtredit Procès verbal de Viſite, concernant Antoine Mauger.

Un Certificat des Habitans de Baillolet, du 10. Janvier 1734. & une Requête y jointe, preſentée par Jean Guilbert ; enſemble ce qui réſulte de nôtredit Procès verbal de Viſite, concernant ledit Guilbert.

Foreſt d'Hel-
let.

de Gréges. Un Contrat de Fiéfe, du premier Février 1611. & deux Aveux, des 6. Juin 1667. & 19. Octobre 1698. produits par Nicolas de Gréges.

de Villers. Ce qui réſulte de nôtredit Procès verbal de Viſite, concernant Jean de Villers.

Hélüin. Un Acte de Lots & partages, du 20. Juillet 1688. Une Ordonnance du Sieur Grand-Maître, du 10. Octobre 1690. Une Sentence de la Maîtriſe d'Arques, du premier Décembre 1690. Une autre Sentence de ladite Maîtriſe, du 30. Décembre 1695. Deux Congez des 28. Février 1704. & 22. Décembre 1716. Un Aveu du 5. Juillet 1723. produits par Charles Hélüin.

Marcatel. Les Titres & Pieces ci-deſſus produits par ledit Sieur de Marcatel.

de Gréges. Un Contrat de Vente, du 16. Novembre 1618. Un Contrat de Fiéfe, du 4. Septembre 1621. Un autre Contrat du 1718. Un Congé de la Maîtriſe, du 22. Octobre 1716. & un autre Contrat du 29. Novembre 1729. produits par les Sieurs de Gréges freres : Contredits dudit Procureur General ; Réponſe deſdits Sieurs de Gréges à iceux, & à laquelle étoit joint un Contrat de Fiéfe, du 3. Décembre 1684.

Dampierre. Ce qui réſulte de nôtredit Procès verbal de Viſite, concernant le Sieur Dampierre.

de Gréges. Les Titres & Pieces ci-deſſus produits par leſdits Sieurs de Gréges.

la Bruyere. Ce qui réſulte de nôtredit Procès verbal de Viſite, concernant le nommé la Bruyere.

Habitans de Baillolet. Nôtre Jugement par défaut, du 2. Mai 1733. ſignifié aux Habitans de Baillolet, le premier Juin 1733. Requête d'opoſition deſdits Habitans à icelui, & ce qui réſulte du Procès verbal de la Réformation, du 3. Mai 1667.

Philippe. Un Aveu du 15. Octobre 1698. produit par Thomas Philippe.

L'Heullier. Un Aveu rendu au Chapitre de Roüen, le 18. Février 1701.

1701. Un Certificat du 3. Aouſt 1732. des Habitans de Mil-lemont, portant que Jean Lhuillier a été incendié le 29. Aouſt 1718. par lui produits.

Ce qui réſulte de nôtredit Procès verbal de Viſite , con-cernant le Sieur de la Cour. *De la Cour.*

Une Requête de Charles Bellet, expoſitive qu'aïant été in-cendié , il a perdu ſes Titres. *Bellet.*

Un Contrat d'aquiſition , du 22. Mars 1719. produit par Jean de la Motte. *De laMotte.*

Un Contrat d'échange , du 28. Février 1688. Un Contrat d'aquiſition, du 26. Février 1716. Un autre Contrat d'aquiſi-tion , du 8. Mars 1717. produits par le Sieur Mouchard des Creſſonnieres : Contredits dudit Procureur General, & Ré-ponſe à iceux. *Mouchard.*

Deux Contrats d'aquiſition , des 14. Juillet 1675. & 15. Fé-vrier 1721. produits par le Sieur Vincent Curé du Neuf-châtel. *Vincent ; Curé du Neufchâtel.*

Ce qui réſulte de nôtredit Procès verbal de Viſite , con-cernant ledit Sieur de la Cour. *De la Cour.*

Un Contrat d'aquiſition , du 21. Juillet 1698. produit par les Heritiers du Sieur du Boſdué : Contredits dudit Procureur General. *Du Boſdué.*

Un Contrat d'aquiſition , du 20. Juin 1676. Un Aveu du 4. Juillet 1702. produits par Jean-Loüis le Normand : Contre-dits dudit Procureur General : Nôtre Ordonnance du 19. Mai 1733. Procès verbal d'Arpentage en conſéquence. *LeNormand.*

Les Titres & Pieces ci-deſſus, produits par ledit Sieur Mou-chard des Creſſonnieres. *Mouchard.*

Copies collationnées d'Aveux, des 11. Juillet 1657. 13. Juil-let 1718. & 4. Décembre 1721. produits par les Sieur & Dame de Monville, heritiers du Sieur de la Haye : Contredits dudit Procureur General ; Réponſe à iceux, & nouvelle Production d'une Chartre d'infeodation , par le Seigneur de Mainieres, de l'année 1229. D'un Contrat de Fiéfe, du 24. Juillet 1448, *De Monville, Heritiers la Haye.*

Copie d'Aveux du 7. Juillet 1513. Copie d'Information faite par les Oficiers de la Maîtrife d'Arques, le 2. Juin 1565. Sentence de ladite Maîtrife, du 2. Juillet 1569. Une Piece pour juftifier de l'aliénation de Terres vagues, faite par les Sieurs Commiffaires du Roy, en 1577. Procès verbaux d'Arpentage, des 17. Juin 1577. & 14. Septembre 1580. Un Aveu du 19. Novembre 1582. Autres Aveux des 29. Octobre 1587. & 27. Juin 1590. Un Extrait de Decret, du 14. Janvier 1603. Une Copie d'Aveu, du 11. Juillet 1657. Un Contrat de Fiéfe, du 4. Janvier 1443. Un Contrat de vente, du 7. Mai 1505. Un Contrat de Fiéfe, du 8. Mars 1519. Deux autres Contrats de Fiéfe, des 29. Novembre 1537. & 22. Avril 1547. Une Sentence des Eaux & Forêts, du 29. Avril 1549. Un Contrat de vente, du 10. Mars 1552. Un Contrat de remife fur Clameur, du 7. Avril 1554. Un Aveu du 26. Septembre 1655. Un Decret du 5. Mai 1559. Un Acte du 12. Décembre 1564. Une Ajudication par Decret, du 15. Juin 1565. Une Sentence des Eaux & Forêts, du 26. Octobre 1568. Un Contrat d'échange, du 15. Octobre 1571. Un Procès verbal des Oficiers des Eaux & Forêts, du 23. Aouft 1575. Un Contrat de vente, du 5. Mai 1576. Un Contrat de Fiéfe, du 15. Octobre 1576. Une Quitance du 8. Aouft 1577. du prix de l'Ajudication de Terres vaines & vagues, faite le 19. Aouft 1577. par lefdits Sieurs Commiffaires de Sa Majefté : Deux Sentences des 9. Septembre & 17. Décembre 1575. d'envoi en poffeffion defdites Terres vagues, ci-devant énoncées : Une Quitance du 20. Septembre 1581. du païement de furmefure de ladite Ajudication : Un Contrat de vente, du 5. Mai 1580. Un Aveu du dernier Juin 1586. Un Contrat de vente, du 6. Février 1599. Deux autres Ajudications de Terres vagues, des 14. Janvier & 2. Octobre 1603. Une Quitance du 11. Avril 1605. de païement du prix d'Ajudication faite ledit jour : Autre Quitance de Droit de Chevet, du 23. Septembre 1609. Un Arreft du Parlement de Roüen, du 22. Décembre 1612. Le tout pro-

duit par le Sieur de Monville : Nôtre Ordonnance du 29. Juillet 1733. ſignifiée avec aſſignation , & Procès verbal d'Arpentage fait en conſéquence , le 23. Mars 1734.

Nôtre Jugement par defaut, du 2. Mai 1733. ſignifié le 20. *Greſſent.*
du même mois : Une Requête d'opoſition à icelui, preſentée par le Sieur Greſſent , enſemble un Aveu du 14. Juillet
1655. & deux Contrats d'aquiſition , des 17. Novembre 1681.
& 7. Juillet 1687. produits par ledit Sieur Greſſent.

Deux Aveux des 17. Septembre 1713. & 13. Avril 1729. pro- *Lormier.*
duits par Jean Lormier.

Un Aveu de l'année 1418. Un Contrat de Fiéfe de 1650. *Lormier.*
& un autre Aveu,du 14. Juillet 1655. produits par les Heritiers
Loüis Lormier : Contredits dudit Procureur General : Ordonnance du 15. Mai 1733. ſignifiée avec aſſignation, le 11.
Mars 1734. Procès verbal du 18. du même mois de Mars.

Deux Copies d'Aveux, des 10. Aouſt 1630. & 11. Janvier *Néel.*
1724. produits par le Siéur Néel : Contredits dudit Procureur
General ; & Réponſe fournie à iceux par ledit Sieur Néel.

Nôtre Jugement par defaut , du 2. Mai 1733. ſignifié le **De Bonne.**
premier Juin ſuivant : Requête d'opoſition audit Jugement,
par Nicolas de Bonne , enſemble un Contrat du 10. Juillet
1641. de Fiéfe d'Heritages , fiéfez auparavant par autre Contrat
du 9. Février 1617. Deux Aveux des 23. Septembre 1671. &
13. Avril 1729. par ledit de Bonne.

Les Titres & Pieces ci-deſſus énoncez , & produits par le- *Durey.*
dit Sieur Durey , Marquis de Mainieres.

Ce qui réſulte de nôtredit Procès verbal de Viſite , concer- *Courvaudon.*
nant le Sieur Préſident de Courvaudon.

Les Titres & Pieces ci-devant énoncez , & produits par *Durey.*
ledit Sieur Durey de Mainieres.

Tous les ci-deſſus nommez Riverains de ladite Foreſt
d'Hellet, Gardes d'Equiquemont & de la Queuë-du-Mont.

Garde de Saint-Antoine dite Coûtumiere.

<table>
<tr><td>De Monville
Heritiers la
Haye.</td><td>LES Titres & Pieces ci-devant énoncez, & produits par lefdits Sieur & Dame de Monville heritiers de la Haye.</td></tr>
<tr><td>De la Motte.</td><td>Une Requête & un Aveu, du 10. Juillet 1687. produits par Antoine de la Motte.</td></tr>
<tr><td>Duquefnoy.</td><td>Deux Contrats de Fiéfe, des 29. Septembre 1689. & 28. Octobre 1690. produits par Céfar Duquefnoy.</td></tr>
<tr><td>De la Motte.</td><td>Deux Contrats de Fiéfe, des 27. Avril 1670. & 9. Juillet 1685. produits par Euftache de la Motte.</td></tr>
<tr><td>Duquefnoy.</td><td>Les Titres & Pieces ci-devant énoncez, & produits par ledit Céfar Duquefnoy.</td></tr>
<tr><td>Guaynet.</td><td>Un Contrat de Fiéfe de 1508. Trois Aveux des 18. Juillet 1631. 7. Juillet 1673. & 29. Juin 1702. produits par Guillaume Guaynet : Contredits dudit Procureur General : Nôtre Ordonnance du 6. Mai 1733. fignifiée le 12. Mars 1734. avec aflignation, & Procès verbal en conféquence, du 22. du même mois de Mars.</td></tr>
<tr><td>Vieuxbourg
& Turgot.</td><td>Nôtre Jugement par defaut, du 6. Mai 1733. fignifié le premier Juin fuivant : Requête d'opofition à icelui, par les Sieurs Marquis de Vieuxbourg, & Préfident Turgot Prevoft des Marchands de la Ville de Paris, aux droits dudit Sieur de Vieuxbourg, par aquifition ; à laquelle Requête étoit jointe une Copie collationnée d'Arreft du Confeil, du 21. Avril 1670. d'une Tranfaction du 9. Juillet 1670. faite entre le Sieur de Grémonville, & les Habitans de Lucy, Fefque & Menouval : Un Arreft du 11. Décembre 1670. portant homologation au Parlement de Roüen, de ladite Tranfaction : Des Lettres Patentes du 11. Décembre 1670. confirmatives de ladite Tranfaction, & enregiftrées audit Parlement de Roüen, le 4. Janvier 1671. Une Sentence du Verdier de Lucy, du 27. Novembre 1529. Une autre de la Table de Marbre, du 25. Juin 1511. Une autre de la Maîtrife des Eaux & Forêts du Bailliage de Caux, du 9. Mai 1513. Un Contrat de Vente, du 16. No-</td></tr>
</table>

vembre 1598. Une Signification de Clameur, du 15. Juillet
1599. Une Quitance du 11. Janvier 1601. Un Vidimus des
Piéces ci-deſſus, & d'une Sentence du 15. Octobre 1475.
collationné le 6. Juillet 1617. Un Aveu du 14. Juin 1529.
Une Permiſſion de coupe, acordée par Sa Majeſté, le 25. Novembre 1704. Et une Ordonnance du Sieur de Savary Grand-
Maître, du 6. Avril 1705.

Un Contrat de Fiéfe, du 14. Janvier 1651. Deux Quitan- Briançon.
ces des 28. Juillet 1668. & 9. Avril 1669. d'amendes prononcées par les Sieurs Commiſſaires de la Réformation ; le
tout, produit par Nicolas Briançon : Contredits dudit Procureur General.

Un Contrat de Fiéfe, du 1er. Janvier 1653. produit par Jean Rabault.
Rabault : Contredits dudit Procureur General : Nôtre Ordonnance du 15. Mai 1733. ſignifiée avec aſſignation, le 11.
Mars 1734. Procès verbal d'Arpentage fait en conſéquence,
le 19. Mars 1734.

Cinq Contrats de vente, des 19. Novembre 1627. 18. Oc- Jean.
tobre 1629. 3. Décembre 1634. 13. Juillet 1679. & 22. Avril
1714. produits par Jacques Jean : Contredits dudit Procureur General : Nôtre Ordonnance du 6. Mai 1733. ſignifiée
avec aſſignation, le 11. Mars 1734. Procès verbal d'Arpentage fait en conſéquence, le 19. dudit mois de Mars 1734.

Une Donation du 1er. Janvier 1128. Une Chartre du 30. Bernardines.
Juin 1412. Un Contrat de Fiéfe, du 25. Septembre 1496. Un
Bail emphiteotique, du 13. Octobre 1510. Un Contrat d'é-
change, du 13. Février 1652. Un Contrat du 27. Juin 1660.
Une Copie collationnée d'autre Contrat de vente, du 9. Juillet
1668. Une Permiſſion du Sieur de Maſcarany Grand-Maître,
du 16. Octobre 1675. Un Aveu du 5. Février 1686. pour ſatisfaire à l'Arreſt du Conſeil, du 12. Décembre 1673. le tout
produit par les Dames Religieuſes Bernardines du Neufchâtel : Contredits dudit Procureur Général : Nôtre Ordonnance du 15. Mai 1733. ſignifiée avec aſſignation, le 12. Mars

1734. Procès verbal d'Arpentage fait en conſéquence, le 24. dudit mois de Mars 1734.

Tous les ci-deſſus nommez Riverains de ladite Foreſt d'Hellet, Garde de S. Antoine.

Boqueteau du Mont-ricard.

Hedoux. DEUX Contrats de Fiéfe, des 24. Avril 1529. & 24. Novembre 1547. Une Ordonnance du Sieur de Montbas, du 18. Juin 1646. produits par la Veuve Hedoux.

Hedoux. Un Contrat de Fiéfe, du 18. Avril 1679. produit par Charles Hedoux.

Religieuſes du Neufchâtel. Ce qui réſulte de nôtredit Procès verbal de Viſite, concernant les Religieuſes de la Miſericorde du Neufchâtel.

Duhamel. Le nommé Duhamel.

Neuville. Le Sieur de Neuville.

Carpentier. Guillaume Carpentier.

Margues. Le Sieur Margues.

Hedoux. Les Titres & Pieces ci-devant énoncez, & produits par ladite Veuve Hedoux.

De laCoudre. Des Lots & partages, du 15. Décembre 1728. & un Contrat du 10. Janvier 1730. produits par le Sieur de la Coudre, repreſentant Duhamel.

Saillot. Deux Contrats de vente, des 15. Juillet 1636. & Aouſt 1658. & quatre Contrats de Fiéfe, des 2. Aouſt 1628. 15. Juillet 1636. 10. Novembre 1669. & 10. Octobre 1713. produits par Jacques & Loüis Saillot.

Mouchard. Ce qui réſulte de nôtredit Procès verbal de Viſite, concernant le Sieur Mouchard.

Foulon. Deux Contrats de Fiéfe, des 29. Aouſt 1683. & premier Octobre 1720. produits par François Foulon.

Valalou. Ce qui réſulte de nôtredit Procès verbal de Viſite, concernant le Sieur de Valalou.

Ango. Un Contrat d'aquiſition, du 25. Avril 1669. produit par le nommé Ango.

Ce qui réfulte de nôtredit Procès verbal de Vifite, concernant ledit Sieur Mouchard.

Ce qui réfulte de nôtredit Procès verbal de Vifite, concernant un Larris non reclamé, joignant les Heritages dudit Sieur Mouchard.

Ce qui réfulte de nôtredit Procès verbal de Vifite, concernant le Sieur de la Motte.

Tous les ci-deffus nommez Riverains de ladite Foreft d'Hellet, Triage du Montricard.

Garde ou Haïe de Mortemer.

NÔTRE Jugement par défaut, du 15. Mai 1733. fignifié le 30. defdits mois & an : Une Requête d'opofition audit Jugement, prefentée par le Sieur de Pontrevé, heritier du Sieur Godeheu, enfemble les Copies collationnées d'un Aveu, du 10. Avril 1641. d'une Information du 24. Septembre 1641. d'un Arreft de la Chambre des Comptes de Roüen, du 15. Février 1642. d'une Ajudication faite en la Vicomté du Neufchâtel, le 3. Février 1670. d'un Contrat de Fiéfe, du 18. Septembre 1721. d'un Contrat de vente, du 21. Décembre 1721. & d'un Contrat de ceffion fur Clameur, du 7. Mars 1722. Les Contredits dudit Procureur General : Nôtre Ordonnance du 29. Juillet 1733. fignifiée avec affignation, le 11. Mars 1734. & le Procès verbal d'Arpentage fait en conféquence, le 26. dudit mois de Mars 1734.

Un Contrat du 15. Juillet 1719. produit par Jean Duverrey.

Un Contrat de Fiéfe, du 22. Mai 1689. produit par Charles le Couvreur.

Une Requête prefentée par Charles le Vaffeur, expofitive que fes Titres ont été incendiez.

Les Titres & Pieces ci-devant énoncez, & produits par ledit Sieur de Pontrevé.

Un Contrat de Fiéfe, du 15. Décembre 1660. produit par Charles Coré.

Pontrevé. Les Titres & Pieces ci-devant énoncez, & produits par ledit Sieur de Pontrevé.

Vieuxbourg & Turgot. Les Titres & Pieces ci-devant énoncez, & produits par lefdits Sieurs de Vieuxbourg & Turgot.

Monfure de Pormort. Nôtre Jugement rendu par defaut, le 8. Mai 1733. contre le Sieur Monfure de Pormort : Une Requête d'opofition à icelui, prefentée par Auguftin Fournot, pour l'abfence dudit Sieur Monfure de Pormort.

Briquehays. Un Contrat de Fiéfe, du 11. Mars 1684. produit par les Heritiers mineurs de Pierre Briquehays.

Paffé. Une Requête enfemble un Contrat de Fiéfe, du 22. Février 1721. produit par Charles-François Paffé : Un Exploit du 15. Février 1734. de dénonciation au Sieur Etienne Noël : Une Requête enfemble un Contrat du 8. Octobre 1723. d'aquifition de la Rente de Fiéfe ci-deffus, produit par ledit Sieur Noël.

Du Caftel, Betfort, Bloquet, &c. Ce qui réfulte de nôtredit Procès verbal de Vifite, concernant des Terres en friche, aux Rives de ladite Foreft, apartenantes aux Sieurs du Caftel, Betfort, Bloquet & autres particuliers propriétaires d'icelles.

Du Caftel. Nôtre Jugement du 2. Mai 1733. rendu par defaut, contre Nicolas du Caftel : Une Requête d'opofition à icelui, enfemble un Aveu du 4. Juillet 1702. produits par Charles-Etienne Levaffeur, Tuteur des enfans mineurs de Nicolas du Caftel.

Betfort. Une Requête enfemble un Extrait collationné d'Ajudication, du 26. Mai 1687. faite aux Pleds de la Vicomté du Neufchâtel, produit par le Sieur Betfort : Contredits dudit Procureur Genéral ; Réponfe à iceux, & une Production nouvelle, contenant ladite Ajudication, du 20. Mai 1687. Un Acte de Lots & partages, du 7. Octobre 1653. & un Contrat de vente, du 2. Décembre de la même année 1653.

Bloquet. Une Requête enfemble un Contrat d'aquifition, du 28. Février 1679. produits par le Sieur Touffaint Bloquet : Contredits dudit Procureur Genéral : Nôtre Ordonnance du 15. Mai 1733. fignifiée avec affignation, le 12. Mars 1734. Procès

cès verbal d'Arpentage fait en conféquence, le 27. dudit mois de Mars 1734.

Un Contrat d'aquifition, du 1642. Deux Aveux des 16. Juin 1654. & 1702. produits par Jacques le Roux : Contredits dudit Procureur Général : Requête en conféquence & nouvelle Production dudit le Roux, contenant un Contrat de Fiéfe, du 23. Avril 1645.

Nôtre Jugement par defaut, du 6. Mai 1733. fignifié le p^{er}. Juin enfuivant : Requête d'opofition audit Jugement de la part de la Dame d'Auvillers, & Production en conféquence de deux Aveux, des 6. Juin 1549. & 3. Juillet 1686. d'un Contrat de vente, du 24. Décembre 1584. d'un Contrat d'échange, du 20. Janvier 1586. & d'un Contrat de delais fur Clameur, du 18. Novembre 1585.

Une Tranfaction en forme de Partage, du 15. Mars 1650. produite par Nicolas Chevalier : Contredits dudit Procureur Général : Réponfe à iceux ; enfemble un Contrat de Fiéfe, du 13. Février 1659.

Nôtre Jugement par défaut, du 19. Mai 1733. fignifié : Requête d'opofition à icelui ; enfemble des Lettres Patentes, & un Arreft du Confeil, des 2. Décembre 1695. & Janvier 1696. portant union des Biens de plufieurs Maladeries, à l'Hôpital du Neufchâtel, produits par les Adminiftrateurs dudit Hôpital.

Un Contrat de vente, du 11. Janvier 1642. produit par Adrien Davranches.

Ce qui réfulte de nôtredit Procès verbal de Vifite, concernant Nicolas Caftillon.

Claude Caftillon.

Laurent Horcholle.

François Chevalier.

François Levaffeur.

Charles Chevalier.

Jacques Chevalier.

C

Foreſt d'Hel-
let.

Chevalier.   Pierre Chevalier.

D'Auvillers.   Les Pieces & Titres ci-devant énoncez, & produits par ladite Dame d'Auvillers.

Chevalier.   Ce qui réfulte de nôtredit Procès verbal de Viſite, concernant Adrien Chevalier.

La Cure
d'Auvillers.   La Cure d'Auvillers.

Hôtel-Dieu
duNeufchâtel.   Les Pieces & Titres ci-devant énoncez, & produits par
leſdits Adminiſtrateurs de l'Hôtel-Dieu du Neufchâtel.

Caſtillon.   Ce qui réfulte de nôtredit Procès verbal de Viſite, au ſujet
dudit Claude Caſtillon.

Chevalier.   Ledit Jacques Chevalier.

Caſtillon.   Ledit Nicolas Caſtillon.

Duboſc.   Jacques Duboſc.

Pontrevé.   Les Titres & Pieces ci-devant énoncez, & produits par
ledit Sieur de Pontrevé.

Duverrey.   Ce qui réfulte de nôtredit Procès verbal de Viſite, au ſujet
de Pierre Duverrey.

D'Auvillers.   Les Pieces & Titres ci-devant énoncez, & produits par
ladite Dame d'Auvillers.

Vieuxbourg
& Turgot.   Les Pieces & Titres ci-devant énoncez, & produits par
leſdits Sieurs de Vieuxbourg & Turgot.

Tous les ci-deſſus nommez Riverains de ladite Foreſt
d'Hellet, Garde ou Haye de Mortemer.

FOREST D'EAUY.

GARDE DE BELLENCOMBRE,
Triage du Val-Saint-Martin.

Foreſt d'Eaüy.

Bouffard.   Nôtre Jugement par defaut, du 31. Juillet 1733. ſignifié le 24. Novembre ſuivant : Requête d'opoſition audit Jugement, enſemble un Contrat de Fiéfe, du 30. Janvier 1692.
Un Aveu du 14. Juillet 1700. produits par Nicolas Bouffard.

Beuville.   Un Contrat de vente, du 2. Juillet 1618. Un Contrat de ceſſion ſur Clameur, du 25. Mai 1619. Deux Ordonnances du Sieur de Maſcarany Grand-Maître, des 18. Aouſt 1677. & 12. Mars 1680. Un Aveu du 28. Juin 1611. Une Aſſignation du 20. Juin 1720. Un Procès verbal des Oficiers d'Arques, du 13. Novembre 1572. Un Contrat de ceſſion, du 13. Mai 1587. Un Contrat de Fiéfe, du 5. Mai 1598. Un autre Contrat du 16. Février 1611. Un Marché pour des Foſſez, du 27. Décembre 1724. Un Procès verbal d'Arpentage, du 15. Novembre 1719. Un Procès verbal deſdits Oficiers d'Arques, du 14. Février 1688. Les Défenſes fournies audit Procès verbal, du 10. Juin 1688. Un Aveu du   Octobre 1575. Un Bail du 20. Janvier 1633. Un Congé de la Maîtriſe d'Arques, du 7. Mai 1648. Un Contrat de Fiéfe, du 29. Aouſt 1664. Une opoſition du Maître Particulier d'Arques, du 17. Janvier 1726. Un Contrat de vente, du 23. Janvier 1521. Deux Contrats de vente, des 3. Juin 1621. & 2. Juin 1630. Un Contrat de vente & d'échange, du 25. Septembre 1640. Un Etat de Décret, du 13. Novembre 1632. Un Contrat de vente, du 14. Juin 1625. Un Congé de ladite Maîtriſe, du 30. Avril 1716. Un Procès verbal d'Arpentage, du 16. Novembre 1719. Un Contrat de Fiéfe, du 2. Septembre 1606. Un Contrat de vente, du 2. Aouſt 1698. Un Contrat de Fiéfe, du 28. Septembre 1704. Trois Contrats de Fiéfe, des 31. Mai 1599. 7. Mars 1644. & 26. Février 1709. Un autre Contrat de Fiéfe, du 27. Avril 1633. Un Contrat de vente, du 14. Février 1634. & un Contrat de Fiéfe, du 15. Mai 1732. Le tout produit par le Sieur Baudoüin de Beuville : Contredits dudit Procureur Général ; Réponſe fournie à iceux, enſemble une Ordonnance du 2. Octobre 1703. du Senéchal de Saint-Martin : Une Déclaration à fin de réünion, du 2. Octobre 1713. Une Sentence de réünion, du 17. Octobre 1713. Un Exploit de miſe en poſſeſſion, du 26. Septembre 1713. Un Exploit de Clameur, du 13. Mai 1619. & l'Ajudication par les Sieurs Commiſſaires du Conſeil, du 4. Octobre 1702. de la Seigneu-

rie des Authieux , par production nouvelle dudit Sieur de
Beuville.

Bouffard. Les Titres & Pieces ci-devant énoncez , & produits par
ledit Nicolas Bouffard.

Beuville. Les Pieces & Titres ci-devant énoncez , & produits par
ledit Sieur de Beuville.

Bouffard. Les Titres & Pieces ci-devant énoncez , & produits par
ledit Nicolas Bouffard.

Beuville. Les Pieces & Titres ci-deffus énoncez , & produits par ledit Sieur de Beuville.

Bouffard. Les Titres & Pieces ci-devant énoncez , & produits par
ledit Nicolas Bouffard.

Beuville. Les Pieces & Titres ci-devant énoncez , & produits par
ledit Sieur de Beuville.

De S. Oüen. Une Ajudication du 4. Aouft 1575. faite par les Sieurs
Commiffaires de Sa Majefté, pour l'aliénation des Terres vagues des Forêts de la Genéralité de Roüen : Quitance du païement du prix de ladite Ajudication, & mife en poffeffion d'i-
celle, du 9. Septembre 1575. Copie collationnée d'un Contrat de vente, du 12. Mars 1632. Un Contrat de Fiéfe, du 9.
Octobre 1594. Un Contrat de vente, du 25. Juillet 1618.
Un Aveu du 11. Janvier 1651. Un Contrat d'aquifition, du 9.
Mai 1713. Un Aveu à la Chambre des Comptes de Roüen,
du 12. Juin 1714. produits par le Sieur de S. Oüen d'Arnemont : Contredits dudit Procureur Genéral ; Réponfe fournie à iceux, enfemble Copie collationnée d'un Ayeu, du 4.
Octobre 1575. produite par ledit Sieur d'Arnemont.

Dujardin. Ce qui réfulte de nôtredit Procès verbal de Vifite, concernant Antoine Dujardin.

De S. Oüen. Les Titres & Pieces ci-devant énoncez, & produits par
ledit Sieur de S. Oüen d'Arnemont.

Pinchon. Ce qui réfulte de nôtredit Procès verbal de Vifite, concernant Guillaume Pinchon.

Baudoüin. Nôtre Jugement par defaut, du 31. Juillet 1733. contre

Guillaume Baudoüin , ſignifié le 23. Novembre ſuivant : Requête d'opoſition audit Jugement, enſemble Copie collationnée d'un Contrat de Fiéfe, du 28. Octobre 1651. produite par ledit Baudoüin.

Nôtre Jugement par defaut, du 31. Juillet 1733. contre la Veuve de Pierre Goſſe , ſignifié le 24. Novembre ſuivant : Requête d'opoſition audit Jugement, enſemble Copie collationnée du Contrat de Fiéfe , du   1651. produite par ladite Veuve Goſſe. *Goſſe.*

Les Pieces & Titres ci-devant énoncez, & produits par ledit Sieur de S. Oüen d'Arnemont. *De S. Oüen.*

Les Titres & Pieces ci-devant énoncez, & produits par ledit Sieur de Beuville. *Beuville.*

Trois Aveux des 6. Juillet 1616. 5. Juillet 1617. & 3. Juin 1648. Un autre Aveu du 10. Février 1702. produits par Pierre Bézuel : Contredits dudit Procureur Genéral ; Réponſe fournie à iceux , enſemble deux Contrats des 14. Décembre 1565. & 12. Mai 1598. & deux Aveux des 3. Juillet 1600. & 26. Mars 1722. produits par ledit Bézuel. *Bézuel,*

Une Chartre du   1135. confirmative de donation, par Henry Roy d'Angleterre : Une autre Donation par Robert de Muchedent, non datée : Un Aveu du 19. Février 1680. & un Arreſt de la Chambre des Comptes de Roüen , du 5. Avril 1680. produits par le Sieur Morlet Prieur de Saint-Martin ſous Bellencombre. *Le Prieur de S. Martin.*

Un Contrat de Fiéfe , du 30. Octobre 1714. produit par Pierre Loüis : Contredits dudit Procureur Genéral ſignifiez ; Réponſe fournie à iceux , par ledit Pierre Loüis. *Loüis.*

Une Copie collationnée d'un Contrat de vente , du 28. Mars 1694. produit par Pierre Lhommedieu : Contredits dudit Procureur Genéral ; Réponſe à iceux , enſemble deux Contrats de vente , des 15. Février 1650. & 28. Mars 1694. *Lhommedieu,*

Une Copie collationnée d'un Contrat de Fiéfe, du 4. Juin 1721. Un Aveu du 10. Avril 1710. produits par Richard Bé- *Bécachet,* cachel : Contredits dudit Procureur Général ; Réponſe à iceux, enſemble un Congé de la Maîtriſe d'Arques , du 6. Mai 1667. & deux Déclarations au Prieuré de Touſſaint , dés 12. Mars 1670. & 9. Juin 1692. Une Requête du Treſor de Saint Martin, prenant le fait & cauſe dudit Bécachel ; enſemble une Copie collationnée d'une Sentence , du 27. Mars 1686. renduë par le Bailli de Longueville, de remiſe en poſſeſſion d'une Fiéfe faite par ledit Treſor, le 13. Avril 1617. & depuis abandonnée par Contrat du 29. Septembre 1626. Une Requête de Loüis Cordier, prenant pareillement le fait & cauſe dudit Bécachel ; enſemble une Copie collationnée d'une Sentence du 10. Juin 1637. ès Pleds de Bellencombre, concernant des Lots & partages.

Bézuel. Les Pieces & Titres ci-devant énoncez, & produits par ledit Pierre Bézuel.

La Cure de S. Martin. Un Aveu du 7. Mai 1681. Un Congé des Eaux & Forêts, du 23. Mai 1667. produits par le Curé de S. Martin : Contredits dudit Procureur Genéral , & Réponſe à iceux par ledit Sieur Curé de S. Martin ſous Bellencombre.

Beuville. Les Pieces & Titres ci-devant énoncez, & produits par ledit Sieur de Beuville.

Tous les ci-deſſus nommez, Riverains de ladite Foreſt d'Eaüy, Garde de Bellencombre, Triage du Val-S. Martin.

Triage de la Grande-Volée.

Ricarville. UNE Requête enſemble une Copie collationnée d'un Contrat de Fiéfe, du 21. Décembre 1643. Une autre Copie collationnée d'un Jugement, du 26. Septembre 1659. rendu par les Sieurs Commiſſaires , pour l'aliénation de partie du fonds des Forêts, & uſurpations faites en icelles : Une Quitance du 6. Novembre 1659. de Taxe païée par le Sieur de Ricarville , pour les uſurpations par lui faites : Une Copie collationnée d'autre Jugement, du 11. Décembre 1659. rendu par leſdits Sieurs Commiſſaires , & qui met ledit Sieur de Ricarville en poſſeſſion deſdites Uſurpations , en conſéquence d'une taxe de dix-ſept cens livres par lui païées : Une Copie collationnée d'un Contrat de vente , du 6. Décembre 1672. Une autre Copie collationnée d'une Permiſſion du Sieur de Maſcarany, du 27. Juin 1675. produits par le Sieur de Ricarville : Contredits dudit Procureur General , & Réponſe à iceux.

Un Contrat du 26. Mars 1670. de ceſſion de Fiéfe faite par Contrats des 10. Novembre 1602. & 26. Mars 1609. produits par Jean Langlois.   *Langlois.*

Une Copie collationnée d'un Contrat de Fiéfe , du 9. Décembre 1675. Une autre Copie collationnée d'un Acte du 20. Mai 1698. & d'une Déclaration au Fief d'Yel , du 3. Décembre 1703. produites par Pierre Martel.   *Martel.*

Ce qui réſulte de nôtredit Procès verbal de Viſite , concernant François Duvivier.   *Duvivier.*

Guillaume Dumeſnil.   *Dumeſnil.*

Pierre Poignie.   *Poignie.*

Jean le Monnier.   *Le Monnier.*

Un Contrat de Fiéfe , du 3. Juin 1664. produit par les Héritiers de François Levaſſeur.   *Levaſſeur.*

Ce qui réſulte de nôtredit Procès verbal de Viſite , concernant Jean Mahieu.   *Mahieu.*

Tous les ci-deſſus nommez, Riverains de ladite Foreſt d'Eaüy, Garde de Bellencombre , Triage de la Grande - Volée.

Triage de la Côte aux Hêtreaux.

Un Aveu du 16. Novembre 1729. produit par Jacques Doutreleau : Contredits dudit Procureur Général ; Réponſe à iceux, enſemble un Contrat de Fiéfe , du 31. Mars 1729. & nôtre Ordonnance du 3. Avril 1734.   *Doutreleau.*

Une Copie d'Aveu, du 4. Avril 1731. produite par la Veuve   *Bigot.*

de Nicolas Bigot : Contredits dudit Procureur General , & Réponse à iceux ; ensemble un Contrat de Fiéfe, du 29. Décembre 1709. & nôtre Ordonnance du 3. Avril 1734.

Le Tellier, Boulanger. Un Contrat de Fiéfe, du 29. Décembre 1709. produit par la Veuve le Tellier & Vincent Boulanger coheritiers : Contredits dudit Procureur General ; Réponse à iceux, & nôtre Ordonnance du 3. Avril 1734.

Doutreleau. Les Pieces & Titres ci-devant énoncez, & produits par ledit Jacques Doutreleau.

Tierce. Un Aveu du 4. Avril 1730. Une Reconnoissance aux Gages-Pleges des Ventes d'Eaüy, du 3. Juillet 1732. de Fiéfe faite par Contrat du 29. Décembre 1709. produits par Pierre Tierce : Contredits dudit Procureur General ; Réponse à iceux, & nôtre Ordonnance du 3. Avril 1734.

Bigot, Bigot. Une Copie d'Aveu, du 4. Mars 1708. Un Aveu du 4. Avril 1730. produits par Pierre & Nicolas Bigot : Contredits dudit Procureur Général ; Réponse à iceux , ensemble un Contrat de Fiéfe, du 29. Décembre 1709. & nôtre Ordonnance du 3. Avril 1734.

Savary. Le Dire du Procureur Général de la Réformation ; & nôtre Ordonnance du 3. Avril 1734. concernant la Veuve de Jacques Savary.

Bigot. Un Aveu du 4. Juillet 1730. produit par Charles Bigot : Contredits dudit Procureur Général ; Réponse à iceux, ensemble Copie collationnée d'un autre Aveu, du 17. Novembre 1677.

Cardon. Un Aveu du 25. Avril 1730. produit par Pierre Cardon : Contredits dudit Procureur Général ; & Réponse à iceux.

Bigot. Une Copie d'un Contrat de Fiéfe, du 3. Janvier 1710. produite par Jean Bigot : Contredits dudit Procureur Général ; Réponse à iceux, & nôtre Ordonnance du 3. Avril 1734.

Anquetil. Un Aveu du 18. Juillet 1730. produit par les Representans Robert Anquetil : Contredits dudit Procureur Général ; Réponse à iceux, & nôtre Ordonnance du 3. Avril 1734.

Un

Un Aveu du 18. Juillet 1730. produit par la Veuve de Jacques Levieux : Contredits dudit Procureur General ; Réponſe à iceux, enſemble Copie collationnée d'un Contrat de Fiéfe, du 19. Octobre 1710. & nôtre Ordonnance du 3. Avril 1734. *Le Vieux.*

Tous les ci-deſſus nommez, Riverains de ladite Foreſt d'Eaüy, Garde de Bellencombre, Triage de la Côte aux Hêtreaux.

Triage de la Heuze.

UN Bail du premier Octobre 1664. Une Tranſaction du 16. Février 1666. Une Sentence de réünion, du 28. Septembre 1709. Un Contrat de Fiéfe, du 13. Juillet 1713. Une Sentence du Bailliage de Longueville, du 21. Juillet 1727. Un Arreſt du Parlement, du 19. Décembre 1727. & un Contrat d'aquiſition, du 2. Décembre 1728. produits par Chriſtophe le Normand. *Le Normand.*

Les Titres & Pieces ci-devant énoncez, & produits par ledit Sieur de S. Oüen d'Arnemont. *De S. Oüen.*

Un Contrat de Fiéfe, du 8. Mai 1657. produit par le Curé des Authieux : Contredits dudit Procureur General ; & Réponſe à iceux. *La Cure des Authieux.*

Les Pieces & Titres ci-devant énoncez, & produits par ledit Sieur de S. Oüen d'Arnemont. *De S. Oüen.*

Une Copie collationnée d'un Contrat de Fiéfe, du 12. Janvier 1618. Une autre Copie collationnée d'autre Contrat de Fiéfe, du 7. Septembre 1718. produites par Thomas Matroüillet : Contredits dudit Procureur General ; Réponſe à iceux, enſemble Copie collationnée d'un Contrat de Fiéfe, du 24. Décembre 1678. & deux autres Contrats de Fiéfe, des 17. Octobre 1704. & 12. Janvier 1718. *Matroüillet.*

Deux Copies d'Aveux, des 7. Juillet 1638. & 12. Avril 1679. produites par François de la Potterie : Contredits dudit Procureur General ; Réponſe à iceux, enſemble Copie collationnée d'un Contrat de vente, du dernier Décembre 1627. *La Potterie.*

Un autre Contrat de vente, du 24. Mars 1628. & Copie collationnée d'Aveu, du 7. Juillet 1638.

Chandelier.   Une Requête, une Sentence des Pleds de Bellencombre, du 21. Juin 1678. Un Aveu du 22. Juin 1726. produits par la Demoiselle Catherine Doulé veuve Chandelier : Contredits dudit Procureur Genéral ; Réponse à iceux, ensemble trois Aveux des 20. Juin 1619. 15. Mars 1623. & 8. Juillet 1637. Deux Contrats d'échange, des 20. Avril 1610. & 8. Juillet 1643. Un Contrat de vente, du 18. Février 1658. Un Congé de la Maîtrise d'Arques, du 11. Février 1694. Un Contrat de vente, du 3. Mars 1639. Deux autres Contrats de vente, des 2. Mai 1649. & 9. Juin 1697. Une Sentence du Bailli de Longueville, du 2. Juillet 1697.

Le Breton.   Cinq Contrats de Fiéfe, des 27. Avril 1633. 14. Février 1634. 17. Janvier 1637. premier Avril 1700. & 16. Mai 1732. produits par la Veuve le Breton.

Chandelier.   Les Titres & Pieces ci-devant énoncez, & produits par ladite Demoiselle veuve le Chandelier.

Matroüillet.   Les Pieces & Titres ci-devant énoncez, & produits par ledit Thomas Matroüillet.

Hauville.   Un Contrat de Fiéfe, du 15. Novembre 1682. produits par Roch Hauville.

La Cure des Authieux.   Les Titres & Pieces ci-devant énoncez, & produits par le Curé des Authieux.

Trefor des Authieux.   Un Contrat de remise de Fiéfe, du 4. Mai 1698. produit par le Trefor des Authieux.

Hauville.   Ce qui résulte de nôtredit Procès verbal de Visite, concernant Michel Hauville.

Davefne.   La Veuve Davefne.

Chandelier.   Les Pieces & Titres ci-devant énoncez, & produits par ladite Demoiselle veuve le Chandelier.

Dubufc.   Nôtre Jugement par defaut, du 18. Mars 1734. Requête d'opofition à icelui ; enfemble un Contrat de Fiéfe, du 20. Mars 1647. Trois Baux des 29. Juillet 1676. 16. Juillet 1681.

& 26. Aouſt 1688. Un Aveu du 29. Décembre 1710. Trois autres Aveux des 28. Juin 1716. 7. Juillet 1655. & 14. Juillet 1653. & les Baux des 2. Mars 1682. 23. Janvier 1693. 23. Aouſt 1698. 28. Mars 1608. 20. Aouſt 1689. & 31. Mai 1709. produits par le Sieur de Sezanne-Dubuſc.

Les Pieces & Titres ci-deſſus énoncez, & produits par le-dit Sieur de Beuville. *Beuville.*

Les Titres & Pieces ci-devant énoncez, & produits par ladite Veuve le Chandelier. *Chandelier.*

Les Pieces & Titres ci-devant énoncez, & produits par ladite Veuve le Breton. *Le Breton.*

Les Titres & Pieces ci-devant énoncez, & produits par ladite Demoiſelle Veuve le Chandelier. *Chandelier.*

Ce qui réſulte de nôtredit Procès verbal de Viſite, concernant Pierre Cailletot. *Cailletot.*

Les Pieces & Titres ci-devant énoncez, & produits par ladite Demoiſelle Veuve le Chandelier. *Chandelier.*

Ce qui réſulte de nôtredit Procès verbal de Viſite, concernant le Sieur Curé de la Heuze. *La Cure de la Heuze.*

Les Titres & Pieces ci-devant énoncez, & produits par ledit Sieur de S. Oüen d'Arnemont. *De S. Oüen.*

Un Contrat de Fiéfe, du 26. Février 1709. produit par Guillaume Cardon : Contredits dudit Procureur General ; Réponſe à iceux, enſemble deux Contrats de Fiéfe, des 31. Mai 1599. & 7. Mars 1644. *Cardon.*

Un Contrat de Fiéfe, du 2. Septembre 1606. Un Contrat de vente, du 2. Aouſt 1698. Un autre Contrat de Fiéfe, du 28. Septembre 1704. produits par Guillaume Duvivier. *Duvivier.*

Une Copie collationnée de Déclaration au Domaine d'Arques, du 10. Avril 1679. produite par François le Monnier. *Le Monnier.*

Ce qui réſulte de nôtredit Procès verbal de Viſite, concernant Guillaume Langlois. *Langlois.*

Tous les ci-deſſus nommez, Riverains de ladite Foreſt d'Eaüy, Garde de Bellencombre, Triage de la Heuze.

D ij

Triage des Hautes-Avoines.

Cailletot.	CE qui réfulte de nôtredit Procès verbal de Vifite, concernant François Cailletot.
Sahurs.	Nicolas Sahurs.
Prevoft.	Jacques Prevoft.
Duvivier.	Robert Duvivier.
De S. Oüen.	Les Titres & Pieces ci-devant énoncez, & produits par ledit Sieur de S. Oüen d'Arnemont.
Duvivier.	Les Pieces & Titres ci-devant énoncez, & produits par ledit Guillaume Duvivier.
De S. Oüen.	Les Titres & Pieces ci-devant énoncez, & produits par ledit Sieur de S. Oüen d'Arnemont.

Tous les ci-deffus nommez, Riverains de ladite Foreft d'Eaüy, Garde de Bellencombre, Triage des Hautes-Avoines.

Triage du Campcuffon.

Maurice.	UNE Ordonnance du 1588. des Sieurs Commiffaires de Sa Majefté, pour l'aliénation des Entreprifes & outre-paffes de diférentes Terres vagues. Une Quitance du 1588. de fomme païée en conféquence de ladite Ordonnance. Deux Déclarations au Terrier d'Arques, des 18. Juin 1646. & 27. Mars 1679. produites par Charles Maurice : Contredits dudit Procureur General ; Réponfe à iceux, enfemble deux Congez de la Maîtrife d'Arques, & un Aveu du 19. Juin 1628.
Le Febvre.	Un Contrat de vente, du 16. Janvier 1651. Copie collationnée d'un autre Contrat de vente, du 28. Mars 1680. produits par la Demoifelle Lefebvre : Contredits dudit Procureur Général ; Réponfe à iceux.
De la Ferté.	Nôtre Jugement par defaut, du 16. Février 1734. contre le Sieur de la Ferté : Requête d'opofition à icelui, enfemble deux Copies collationnées d'Aveux, des 21. Février 1633. & 21. Juillet 1677. produites par ledit Sieur de la Ferté.

Les Pieces & Titres ci-devant énoncez, & produits par le- Matroüillet.
dit Thomas Matroüillet.

Une Requête, un Procès verbal d'Arpentage, du 17. Mai Brinon.
1577. de Terres vaines & vagues alienées. Une Quitance du
23. Avril 1577. du prix de ladite Ajudication,& en conféquence une Sentence des Eaux & Forêts de la Maîtrife d'Arques, de
mife en poffeffion, du 17. Mai 1577. Un autre Procès verbal
d'Arpentage, du 23. Janvier 1580. Quatre Contrats de Fiéfe,
des 12. Juin 1605. 9. Novembre de la même année, 18. Avril
1607. 2. Novembre 1655. & un Bail du 5. Novembre 1664.
produits par le Sieur de Brinon, Confeiller au Parlement de
Roüen, tant en fon nom, que comme prenant le fait & caufe
des Heritiers de Nicolas le Normand, des nommez Damet, le
Clerc, le Braffeur, de la Veuve Lefebvre, Maurice & Gabriel
Moriffet, Fiéfataires dudit Sieur de Brinon.

Les Titres & Pieces ci-devant énoncez, & produits par le- De S. Oüen.
dit Sieur de S. Oüen d'Arnemont.

Les Pieces & Titres ci-devant énoncez, & produits par le- Le Normand.
dit Sieur Chriftophe le Normand.

Tous les ci-deffus nommez, Riverains de ladite Foreft
d'Eaüy, Garde de Bellencombre, Triage du Campcuffon.

GARDE DE SAINT SAENS,

Triage du Val-Saint-Etienne.

Les Titres & Pieces ci-devant énoncez, & produits par Maurice.
ledit Charles Maurice.

Les Pieces & Titres ci-devant énoncez, & produits par la- Lefebvre.
dite Demoifelle Lefebvre.

Les Titres & Pieces ci-devant énoncez, & produits par le- La Potterie.
dit François de la Potterie.

Les Pieces & Titres ci-devant énoncez, & produits par le- De Brinon.
dit Sieur de Brinon, tant en fon nom, que comme prenant le Moriffet.

fait & caufe defdits Moriffet.

Maurice. — Nicolas Maurice.

Lefebvre. — La Veuve de Loüis Lefebvre.

Braffeur. — Jacques Braffeur.

Le Clerc. — Antoine le Clerc.

Damet. — Et Etienne Damet, tous Fiéfataires dudit Sieur de Brinon.

Varengues. — Une Ajudication des 5. & 10. Aouft 1577. faite par des Commiffaires de Sa Majefté, pour l'aliénation des Terres vagues des Forêts : Une Ordonnance du 23. Septembre 1580. defdits Sieurs Commiffaires, pour le mefurage du Terrain porté en ladite Ajudication : Un Jugement du 20. Octobre 1580. rendu fur un Procès verbal d'Arpentage : Un autre Jugement du 29. Octobre 1580. de mife en poffeffion de ladite Ajudication : Un autre Jugement du 15. Novembre 1582. fur une reprefentation de Quitance, du 8. Février 1582. pour outre-paffe, & qui met en poffeffion d'icelle : Un Contrat de vente, du 23. Juin 1602. Un Aveu au Fief d'Yel, du 16. Mai 1679. & un Extrait de Contrat de vente, du 10. Juin 1710. produits par François Varengues : Contredits dudit Procureur Genéral ; & Réponfe à iceux.

Levaffeur. — Une Copie collationnée d'un Contrat de vente, du 2. Octobre 1615. d'un autre Contrat de vente, du premier Février 1665. & un Contrat de Fiéfe, du 17. Janvier 1715. produits par Jacques Levaffeur.

Tous les ci-deffus nommez, Riverains de ladite Foreft d'Eaüy, Garde de S. Saëns, Triage du Val-S. Etienne.

Triage du Lihut.

Hely. — UN Contrat d'aquifition des Terres & Verreries du Lihut, du 10. Novembre 1714. Un Arreft du Confeil, du 27. Mai 1731. & Lettres Patentes, du 19. Avril de la même année, confirmatives d'autres Lettres Patentes d'Octobre 1594. Janvier 1619. & de 1664. concernant l'établiffement de la Verrerie du

Lihut, Foreſt d'Eaüy : Les Arrêts d'enregiſtrement deſdites Lettres Patentes, au Parlement & Chambre des Comptes de Roüen, des 2. Juin & 23. Juillet 1731. Autre Arreſt de la Chambre des Comptes, du 30. Juillet 1731. Une Copie d'évaluation du Fief d'Yel, du 27. Septembre 1593. L'Ajudication dudit Fief, faite par les Sieurs Commiſſaires de Sa Majeſté, le 5. Octobre 1593. Une Déclaration au Terrier d'Arques, du 26. Janvier 1680. Une Permiſſion de tirer du Sable de la Foreſt, du 23. Septembre 1693. produits par le Sieur Hely Treforier de France, propriétaire de ladite Verrerie du Lihut : Contredits dudit Procureur General : Requête dudit Sieur Hely : Nôtre Ordonnance du 6. Mars 1734. Autre Requête dudit Sieur Hely, & ſur icelle nôtre Mandement du 13. dudit mois de Mars audit an : L'Aſſignation commiſe à la requête dudit Sieur Hely, le 26. Mars 1734. au Sieur de Stopa : Requête dudit Sieur de Stopa de priſe de fait & cauſe pour ledit Sieur Hely : Une Aſſignation commiſe le 20. Janvier 1734. au Sieur de la Motte, faiſant ci-devant valoir ladite Verrerie du Lihut : Nôtre Mandement du 13. Mars 1734. ſur la Requête dudit Sieur de la Motte, pour aſſigner les Heritiers du Sieur de Stopa : L'Aſſignation commiſe audit Sieur de Stopa, le 22. dudit mois de Mars audit an : Nouvelle Requête des Sieurs de la Motte, enſemble une Signification du 19. Juin 1720. faite au Procureur General de la Réformation, d'une Requête du feu Sieur de Stopa, d'une Ordonnance du Sieur Grand-Maître, du 23. Décembre 1713. Une Ordonnance du Maître Particulier d'Arques, du 22. Février 1714. pour l'enregiſtrement d'une Permiſſion acordée par Sa Majeſté au Sieur de Stopa, le 2. Février 1714. & d'autre Ordonnance dudit Sieur Grand-Maître, du 3. dudit mois de Février audit an : Une eſtimation d'Arbres vendus par ledit Sieur de Stopa, audit Sieur de la Motte, du 26. Février 1714. Une Quitance du Sieur de Stopa, du 6. Mai 1715. Un Procès verbal des Oficiers de la Maîtriſe d'Arques, du 10. Janvier 1714. Copie de Requête deſdits Sieurs de la

Motte presentée à la Réformation , le 8. Juillet 1719. Copie de l'Assignation commise au Sieur de Stopa , le 2. Juillet 1720. produits par lesdits Sieurs de la Motte , & la Requête dudit Sieur de Stopa , du 10. Juillet 1734. par laquelle il déclare prendre le fait & cause desdits Sieurs de la Motte.

Tous les ci-dessus nommez , Riverains de ladite Forest d'Eaüy , Garde de S. Saëns , Triage du Lihut.

Triage de la Houssaye.

LES Titres & Pieces ci-devant énoncez , & produits par ledit Jacques Levasseur.

Levasseur.   Ce qui résulte de nôtredit Procès verbal de Visite , concernant des Larris au Roy , tenans au Chemin de Rozay à Saint

Larris au Roy.   Saëns , & à celui du Mauvais-Garçon.

Une Copie collationnée d'un Contrat de vente , du 2. Juillet 1615. Un autre Contrat de vente , du 7. Décembre 1715.

Dubelloy.   produits par la Veuve Dubelloy : Contredits dudit Procureur Général ; & Réponse à iceux.

Un Contrat de vente , du 11. Septembre 1723. produit par François Poupinet : Contredits dudit Procureur Général ;

Poupinet.   Réponse à iceux , ensemble des Contrats d'aquisition & des Aveux , des premier Décembre 1583. 7. Décembre 1612. 22. Juin 1656. dernier Juin 1681. 16. Aoust 1716. 11. Juillet 1718. & 15. Octobre 1727.

Lesueur.   Ce qui résulte de nôtredit Procès verbal de Visite , concernant François Lesueur.

Un Contrat de vente , du 20. Juin 1594. Un Aveu & une

Bunon.   Déclaration , des 9. Juillet 1669. & 15. Juin 1679. Un Contrat de Fiéfe , du 31. Janvier 1713. & un Acte de rachat de Fiéfe , produits par la Veuve de Jacques Bunon.

Deshays.   Ce qui résulte de nôtredit Procès verbal de Visite , concernant la Veuve de Guillaume Deshays.

Saucier.   Charles Saucier.

Tillard.   Pierre Tillard.

Pierre

Pierre Delaunay.

François Varengues.

La Veuve de François Deshays.

Ladite Veuve de Guillaume Deshays.

François Duprey.

Nôtre Jugement rendu par defaut, le 16. Février 1734. contre Georges Brument : Requête d'opoſition à icelui ; enſemble deux Aveux au Fief d'Yel, des 13. Mai 1624. & 26. Juin 1656. Une Déclaration au Terrier d'Arques, du 28. Mars 1679. Un Contrat de Mariage, du 15. Mai 1672. Un Contrat de ceſſion, du 25. Avril 1679. Un autre Contrat de Mariage, du 10. Février 1702. Deux Contrats de Fiéfe, des 14. Mars 1715. & 26. Avril 1717. & un Bail du 2. Juin 1718. produits par ledit Brument.

Les Titres & Pieces ci-devant énoncez, & produits par ledit Sieur Hely.

Tous les ci-deſſus nommez, Riverains de ladite Foreſt d'Eaüy, Garde de S. Saëns, Triage de la Houſſaye.

Triage de la Salendriere.

LES Pieces & Titres ci-devant énoncez, & produits par ledit Sieur Hely.

Ce qui réſulte de nôtredit Procès verbal de Viſite, concernant le Sieur de Montval.

Une Copie d'Ajudication, du 5. Aouſt 1577. faite par les Sieurs Commiſſaires de Sa Majeſté, pour l'aliénation des Terres vagues des Forêts, & de miſe en poſſeſſion de ladite Ajudication, ſur la Quitance du 8. Aouſt 1577. du païement du prix d'icelle : Une Copie collationnée d'un Contrat d'échange, du 9. Octobre 1606. Un Contrat de vente, du 4. Mai 1662. Une Déclaration au Terrier d'Arques, de Terres aquiſes par Contrats des 25. Novembre 1627. & 20. Avril 1635. Trois Extraits d'Ordonnances du Sieur de Maſcarany Grand-Maître,

E

des 18. Aouſt 1677. & 23. Novembre de la même année : Un Contrat de vente , du 9. Mai 1712. produits par le Sieur Charles-Bonaventure Varengues : Contredits dudit Procureur General ; & Réponſe à iceux.

Une Copie collationnée d'Arreſt du Conſeil & Lettres Patentes, des 11. Avril & mois de Mai 1669. confirmatives d'un Contrat, du 30. Décembre 1658. paſſé avec le feu Sieur Duc de Longueville : Une Copie collationnée d'autre Arreſt du Conſeil, du 17. Juin 1675. produites par les Abeſſe & Religieuſes de S. Saëns : Contredits dudit Procureur General ; & Réponſe à iceux.

Les Titres & Pieces ci-devant énoncez, & produits par ledit Sieur Charles-Bonaventure Varengues.

Les Pieces & Titres ci-devant énoncez, & produits par leſdites Dames de S. Saëns.

Les Titres & Pieces ci-devant énoncez, & produits par ledit Sieur Hely.

Tous les ci-deſſus nommez, Riverains de ladite Foreſt d'Eaüy, Garde de S. Saëns, Triage de la Salendriere.

GARDE DE MAUCOMBLE,
Triage du Teurtre.

UN Acte de Lots & partages, du 6. Décembre 1628. Un Congé de la Maîtriſe d'Arques, du 14. Mai 1716. & pluſieurs Quitances de Rentes au Domaine ; à cauſe du Fief d'Yel, produits par Jacques Leduc.

Ce qui réſulte de nôtredit Procès verbal de Viſite, concernant le Sieur Dufour.

Tous les ci-deſſus nommez , Riverains de ladite Foreſt d'Eaüy, Garde de Maucomble, Triage du Teurtre.

Triage de la Haye.

UN Contrat d'aquiſition, du 6. Juin 1681. produit par Laurent Leblond.

Ce qui résulte de nôtredit Procès verbal de Visite, concernant Jean Paris, ensemble les Aveux des dernier Mai 1659. & 2. Mars 1719. par lui produits.

Paris.

Une Copie collationnée d'un Contrat de vente, du 22. Octobre 1720. produite par Pierre Guillebert.

Guillebert.

Les Titres & Pieces ci-devant énoncez, & produits par lesdites Dames de S. Saëns.

Religieuses de S. Saëns.

Un Bail du 20. Mars 1660. Un Acte de Partages, du 10. Mars 1666. produits par le Sieur le Vasseur : Contredits dudit Procureur General ; & Réponse à iceux.

Le Vasseur.

Trois Copies collationnées de Contrats de vente, des 26. Décembre 1681. 17. Mars 1694. & 2. Mai 1696. produits par Adrien Quelot.

Quelot.

Ce qui résulte de nôtredit Procès verbal de Visite, concernant le Sieur Bézuel.

Bézuel.

Michel Turbot.

Turbot.

Jean Turbot.

Turbot.

Jean Leblanc.

Leblanc.

Une Copie de Contrat de Fiéfe, produite par la Veuve de Jean Lamourette.

Lamourette.

Ce qui résulte de nôtredit Procès verbal de Visite, concernant ledit Jean Leblanc.

Leblanc.

Tous les ci-dessus nommez, Riverains de ladite Forest d'Eaüy, Garde de Maucomble, Triage de la Haye.

Triage de l'Essart de Maucomble.

CE qui résulte de nôtredit Procès verbal de Visite, concernant ledit Jean Leblanc.

Leblanc.

Ce qui résulte de nôtredit Procès verbal de Visite, concernant Jean Caron.

Caron.

Un Aveu du 21. Juin 1712. produit par Guillaume Havet.

Havet.

Ce qui résulte de nôtredit Procès verbal de Visite, concernant Jean Leclerc.

Le Clerc.

Confedieu.	Les Heritiers Confedieu.
Aubry.	François Aubry.
Loifel.	Antoine Loifel.
Bachelot.	Jean Bachelot.
Legrand.	Adrien Legrand.

Maucomble. Un Extrait du Papier Terrier de Maucomble, du 7. Juillet 1622. Une Copie collationnée d'un Contrat de Fiéfe, du 5. Avril 1673. Une Copie collationnée d'un Contrat de Mariage, du 10. Septembre 1683. d'un Contrat de vente, du 8. Octobre 1711. d'un Aveu à la Chambre des Comptes de Roüen, du 30. Septembre 1715. Une Ordonnance du Sieur de Savary Grand-Maître, du 13. Septembre 1709. Un Procès verbal des Oficiers d'Arques, du 13. Novembre 1709. Une autre Ordonnance dudit Sieur de Savary, du 25. Mai 1712. produits par le Sieur de Maucomble : Contredits dudit Procureur Général ; Réponfe à iceux ; enfemble un Marché de vente d'Arbres, du 7. Octobre 1711. Une Quitance du 10. Aouft 1712. du païement du Treiziéme dudit Marché, à la Dame Abeffe de S. Amand : Un Contrat de Fiéfe, du 29. Octobre 1603. Un Aveu au Fief d'Yel, du 2. Juillet 1620. Une Copie collationnée d'un Contrat de vente, du 30. Septembre 1674. Un Procès verbal d'Arpentage, du 26. Mars 1734.

Bachelot. Un Aveu du 21. Juillet 1634. Une Reconnoiffance de Lots & partages, du 21. Juin 1691. produits par Charles Bachelot : Contredits dudit Procureur Genéral : Un Contrat de Fiéfe, du 27. Juin 1623. Un Aveu au Terrier d'Arques, du 21. Mars 1674. Une Affignation à fin de déclaration audit Terrier d'Arques, du 15. Mars 1672. Une Quitance de Cens, du 21. Mars 1679.

Dilard. Une Copie collationnée d'un Contrat de vente, du 9. Juin 1677. produite par Jean Dilard : Contredits dudit Procureur General ; & Réponfe à iceux.

Bachelot. Les Pieces & Titres ci-devant énoncez, & produits par ledit Charles Bachelot.

Les Titres & Pieces ci-devant énoncez, & produits par le-   Maucomble.
dit Sieur de Maucomble.

Nôtre Jugement rendu par defaut, le 24. Mars 1734. con-   Communes
tre les Sindic & Habitans de Maucomble ; Requête d'opo-   de Maucom-
ſition à icelui.   ble.

Deux Contrats de Fiéfe, des 14. Novembre 1661. & 15.   Pinchon.
Juillet 1678. produits par Pierre Pinchon.

Un Aveu du 13. Février 1702. produit Jean Déleſque.   Déleſque.

Un Aveu du 20. Octobre 1659. produit par Charles Marüit.   Marüit.

Un Aveu du 11. Juin 1701. produit par Pierre Labé.   Labé.

Les Titres & Pieces ci-devant énoncez, & produits par   Déleſque.
Jean Déleſque.

Les Pieces & Titres ci-devant énoncez, & produits par   Maucomble.
ledit Sieur de Maucomble.

Tous les ci-deſſus nommez, Riverains de ladite Foreſt d'Eaüy,
Garde de Bellencombre, Triage de l'Eſſart de Maucomble.

Triage du Camp-Souverain.

Les Titres & Pieces ci-devant énoncez, & produits par   Varengues.
ledit Sieur Charles-Bonaventure Varengues.

Une Copie d'Aveu, du 22. Juin 1661. Un autre Aveu du   De Grain-
13. Juillet 1718. produits par la Dame de Grainville : Contre-   ville.
dits dudit Procureur General ; Réponſe à iceux ; enſemble un
Marché de vente d'Arbres ſur des Foſſez : Une Requête, Procès verbal & Congé pour la Coupe d'iceux, donné par les
Oficiers de ladite Maîtriſe.

Les Pieces & Titres ci-devant énoncez, & produits par   Religieuſes
leſdites Dames Religieuſes de S. Saëns.   de S. Saëns.

Les Titres & Pieces ci-devant énoncez, & produits par   Varengues.
ledit Sieur Varengues.

Tous les ci-deſſus nommez, Riverains de ladite Foreſt
d'Eaüy, Garde de Maucomble, Triage du Camp-Souverain.

Triage du Puits-Merveilleux.

Religieuſes de S. Saëns. LES Pieces & Titres ci-devant énoncez, & produits par leſdites Dames Religieuſes de S. Saëns, Riveraines de ladite Foreſt d'Eaüy, Garde de Maucomble, Triage du Puits-Merveilleux.

GARDE DE BULLY,
Triage de la Marre-aux-Saules.

Maucomble. LES Titres & Pieces ci-devant énoncez, & produits par ledit Sieur de Maucomble.

Terrier. Un Contrat d'échange & un Contrat de Fiéfe, du 17. Décembre 1647. Un autre Contrat de Fiéfe, du 14. Février 1726. produits par les Sieurs le Machois & le Vaſſeur, pour Loüis Terrier leur Fiéfataire.

Mouchard. Ce qui réſulte de nôtredit Procès verbal de Viſite, concernant Vincent, repreſentant Etienne Mouchard.

Bully. Une Requête à Nous preſentée, par le Sieur Marquis de Bully.

Tous les ci-deſſus nommez, Riverains de ladite Foreſt d'Eaüy, Garde de Bully, Triage de la Marre-aux-Saules.

Triage du Four-des-Vaux.

Heluy. UNE Copie collationnée d'un Contrat de Fiéfe, du 3. Juillet 1604. Un Aveu du dernier Juin 1636. Un Contrat de vente, du 27. Novembre 1679. & deux Déclarations au Fief d'Yel, des 17. Mars 1674. & 15. Juillet 1680. produits par Pierre Heluy.

Huré. Ce qui réſulte de nôtredit Procès verbal de Viſite, concernant Loüis Huré.

Delamare. Un Aveu du 12. Octobre 1655. produit par Antoine Delamare, repreſentant Adrien : Contredits dudit Procureur

Genéral ; Réponſe à iceux ; enſemble une Ajudication de Terres vagues , du 2. Septembre 1603. faite par le Sieur de Fleury Grand-Maître : Trois Quitances, des 23. Février, 20. & 29. Mai 1604. du païement de ladite Ajudication : Un Contrat de vente, du 21. Aouſt 1639. Deux Aveux au Fief d'Yel, des 7. Juin 1652. & 29. Juillet 1654. Un Contrat de Fiéfe, du 10. Mars 1680. Un Commandement & Quitance, du premier Juillet 1668. d'Amendes prononcées par les Sieurs Commiſſaires de la Réformation : Une Ordonnance pour Foſſez , du 18. Aouſt 1677. renduë par le Sieur de Maſcarany Grand-Maître.

Une Copie collationnée d'Ajudication , du 10. Novembre   *Du Meſnil.* 1603. de Terres vagues, faite par les Sieurs Commiſſaires de Sa Majeſté : Une Copie collationnée d'Aveu , du 29. Avril 1676. Une Déclaration au Terrier d'Arques, du 15. Juillet 1679. produits par les Sieurs du Meſnil.

Un Contrat de vente , du 20. Juin 1675. produit par les   *Urſulines de* Dames Religieuſes Urſulines de Roüen : Contredits dudit   *Roüen.* Procureur Genéral ; Réponſe à iceux.

Les Titres & Pieces ci-devant énoncez, & produits par   *Religieuſes* leſdites Dames Religieuſes de S. Saëns.   *de S. Saëns.*

Tous les ci-deſſus nommez, Riverains de ladite Foreſt d'Eaüy, Garde de Bully, Triage du Four-des-Vaux.

Triage de la Queuë-Guébert.

LES Titres & Pieces ci-deſſus produits par leſdites Dames   *Urſulines de* Urſulines de Roüen, & ci-devant énoncez.   *Roüen.*

Un Contrat de vente, du 15. Novembre 1568. produit par   *Foulon.* Jean Foulon.

Un Contrat de Fiéfe, du 28. Octobre 1675. produit par   *Cœur-de-* Jean Cœur-de-Roy : Contredits dudit Procureur Genéral ;   *Roy.* Réponſe à iceux ; enſemble une Ajudication de Terres vaines & vagues de ladite Foreſt, par le Sieur de Thou, Commiſſaire pour Sa Majeſté, du 19. Aouſt 1577. par Production nouvelle dudit Cœur-de-Roy.

Du Meſnil. Les Titres & Pieces ci-devant énoncez, & produits par leſdits Sieurs du Meſnil.

Cœur-de-Roy. Les Pieces & Titres ci-devant énoncez, & produits par ledit Cœur-de-Roy.

Prieuré de S. Martin. Les Titres & Pieces ci-devant énoncez, & produits par ledit Sieur Morlet Prieur de S. Martin.

Urſulines de Roüen. Les Pieces & Titres ci-devant énoncez, & produits par leſdites Dames Religieuſes Urſulines de Roüen.

Cœur-de-Roy. Deux Aveux au Fief d'Yel, des 27. Juin 1633. & 16. Juin 1648. Un Certificat de Congé, du 12. Mai 1713. produits par Vincent Cœur-de-Roy : Contredits dudit Procureur Général ; Réponſe à iceux ; enſemble un Procès verbal d'Aſſiéte, du 27. Aouſt 1686. L'Aſſignation & les Défenſes fournies à la Réformation, en 1720.

Cardon. Ce qui réſulte de nôtredit Procès verbal de Viſite, concernant Jean Cardon.

Volconte. Les Extraits collationnez d'un Contrat de vente, du 19. Novembre 1619. d'un autre Contrat de vente, du 19. Janvier 1623. d'un Contrat de Fiéfe, du 17. Juin 1624. d'autre Contrat de vente, du 17. Décembre 1646. d'un Contrat de Partage, du 27. Septembre 1646. d'un Contrat de vente, du 25. Mars 1647. d'un Contrat d'échange, du 6. Mars 1648. d'un Contrat de vente, du premier Octobre 1658. d'un Aveu du 20. Juin 1658. & d'un Decret du 30. Janvier 1645. produits par le Sieur Adrien le Sueur de Volconte : Contredits dudit Procureur General ; & Réponſe à iceux.

De Grainville. Les Titres & Pieces ci-devant énoncez, & produits par ladite Dame de Grainville.

Tillard. Un Aveu du   Avril 1734. produit par Jean Tillard : Contredits dudit Procureur General ; Réponſe à iceux ; enſemble nôtre Ordonnance du 3. Avril 1734. ſignifiée le 6. du même mois audit an.

Un

Un Dire dudit Procureur Général : Réponſe fournie à icelui, par Robert Duvivier : Nôtre Ordonnance du 3. Avril
1734. ſignifiée le 6. des mêmes mois & an.   Duvivier.

Un Aveu du 10. Avril 1731. produit par Pierre Feutry : Contredits dudit Procureur Général ; Réponſe à iceux ; & nôtre Ordonnance du 3. Avril 1734. ſignifiée le 6. deſdits mois & an.   Feutry.

Les Titres & Pieces ci-devant énoncez, & produits par
ledit Jean Tillard.   Tillard.

Un Aveu du 18. Juillet 1730. produit par Nicolas Tillard :
Contredits dudit Procureur Général ; Réponſe à iceux ; & nôtre
Ordonnance du 3. Avril 1734. ſignifiée le 6. deſdits mois & an.   Tillard.

Un Contrat de Fiéfe, du 12. Avril 1731. & un Aveu du
25. des mêmes mois & an, produits par Pierre Canu & Jean
Feutry : Contredits dudit Procureur Général ; Réponſe à
iceux ; & nôtre Ordonnance du 3. Avril 1734. ſignifiée le 6.
des mêmes mois & an.   Canu & Feu-
try.

Un Aveu du 13. Mars 1731. produit par Nicolas Tillard
dit Cordier : Contredits dudit Procureur Général ; Réponſe
à iceux ; & nôtre Ordonnance du 3. Avril 1734. ſignifiée le
6. des mêmes mois & an.   Tillard.

Un Contrat de Fiéfe, du 26. Avril 1731. produit par Pierre
Gaillon : Contredits dudit Procureur Général ; Réponſe à
iceux ; & nôtre Ordonnance du 3. Avril 1734. ſignifiée le 6.
des mêmes mois & an.   Gaillon.

Une Déclaration du 7. Décembre 1730. produite par Nicolas Mabile : Contredits dudit Procureur Général : Réponſe
à iceux ; & nôtre Ordonnance du 3. Avril 1734. ſignifiée le
6. des mêmes mois & an.   Mabile.

Un Aveu du 27. Février 1731. produit par Etienne Marais :
Contredits dudit Procureur Général : Réponſe à iceux ; & nôtre Ordonnance du 3. Avril 1734. ſignifiée le 6. des mêmes
mois & an.   Marais.

Un Aveu du 25. Avril 1731. produit par François Jour-
dain : Contredits dudit Procureur Général ; Réponſe à iceux,   Jourdain.

& nôtre Ordonnance du 3. Avril 1734. ſignifiée le 6. des mêmes mois & an.

Mabile.   Les Titres & Pieces ci-devant énoncez, & produits par ledit Nicolas Mabile.

Tillard.   Les Pieces & Titres ci-devant énoncez, & produits par ledit Nicolas Tillard dit Cordier.

Turbot.   Un Contrat de vente, du 25. Aouſt 1718. Un Contrat de Fiéfe, du 25. Octobre 1728. produits par Jean Turbot : Contredits dudit Procureur Général ; Réponſe à iceux, & nôtre Ordonnance du 3. Avril 1734. ſignifiée le 6. des mêmes mois & an.

Tous les ci-deſſus nommez, Riverains de ladite Foreſt d'Eaüy, Garde de Bully, Triage de la Queuë-Guébert.

GARDE DE POMMERE'VAL,
Triage des Moreaux.

Ricarville.   Les Titres & Pieces ci-devant énoncez, & produits par ledit Sieur de Ricarville.

Varengues.   Ce qui réſulte de nôtredit Procès verbal de Viſite, concernant François Varengues.

Croquenoix.   Ce qui réſulte de nôtredit Procès verbal de Viſite, concernant la Veuve de François Croquenoix.

Varin.   Une Copie collationnée d'un Contrat de ſubrogation, du 21. Mars 1704. produite par Adrien Varin.

Lefebvre.   Une Copie collationnée d'Aveu au Fief d'Yel, du 30. Octobre 1709. Un Contrat de vente, du 21. Juin 1717. Un Aveu audit Fief, du 17. Janvier 1723. produits par Charles Lefebvre.

Delaunay.   Un Contrat de Fiéfe, du 21. Janvier 1715. Un Jugement du Maître Particulier d'Arques, du 19. Novembre 1714. produits par Antoine Delaunay.

Goſſe.   Un Contrat de vente, du 5. Février 1693. Un Contrat de Fiéfe du 21. Janvier 1715. produits par Thomas Goſſe : Contredits dudit Procureur Général ; Réponſe à iceux, enſemble un Contrat de Partages, du 12. Octobre 1638.

Un Contrat de Fiéfe, du 21. Janvier 1715. Un Jugement du Maître Particulier d'Arques, du 29. Novembre 1714. pro-duits par Pierre Yvelin, repreſentant Jacques Darnanville : Contredits dudit Procureur Général;Réponſe à iceux,enſemble un Contrat de Fiéfe, du 22. Janvier 1641. & un Aveu au Fief d'Yel, du 27. Juin 1644.

Yvelin.

Ce qui réſulte de nôtredit Procès verbal de Viſite, concer-nant Pierre Mahieu.

Mahieu.

Ce qui réſulte de nôtredit Procès verbal de Viſite, concer-nant le Sieur de Pommeréval.

Pommeréval.

Deux Contrats de vente, des 14. Décembre 1723. & 11. Mars 1726. Un Contrat de Fiéfe, du 24. Juin 1729. & un Contrat de ceſſion, du 15. Janvier 1731. produits par Antoine Laignel.

Laignel.

Ce qui réſulte de nôtredit Procès verbal de Viſite, concer-nant Nicolas Lefebvre.

Lefebvre.

Le Sieur de Fry.

De Fry.

Un Aveu au Fief d'Yel, produit par Etienne Saint-Oüin.

Saint-Oüin.

Les Titres & Pieces ci-devant énoncez, & produits par ledit Antoine Laignel.

Laignel.

Un Requiſitoire dudit Procureur Genéral, ſignifié à la Veuve de Pierre Boulocher ; Réponſe à icelui, enſemble une Copie collationnée d'un Contrat de Fiéfe, du 3. Novembre 1714. produite par ladite Veuve Boulocher.

Boulocher.

Deux Aveux au Fief d'Yel, du 26. Juin 1640. & du 1643. produits par Jean Petit : Contredits dudit Procureur Ge-néral ; Réponſe à iceux, enſemble une Copie collationnée d'un Contrat de ceſſion, du dernier Mai 1627.

Petit.

Tous les ci-deſſus nommez, Riverains de ladite Foreſt d'Eaüy, Garde de Pommeréval, Triage des Moreaux.

Triage du Val-le-Roux.

Les Titres & Pieces ci-devant énoncez, & produits par ledit Antoine Laignel.

Laignel.

Bigot. Ce qui réſulte de nôtredit Procès verbal de Viſite, concernant Jean Bigot.

Treſor de Pommeréval. Ce qui réſulte de nôtredit Procès verbal de Viſite, concernant le Treſor de Pommeréval.

Pommeréval. Nôtre Jugement par defaut, du 5. Mars 1734. contre la Demoiſelle de Pommeréval : Requête d'opoſition à icelui, par ladite Demoiſelle.

De S. Aubin. Copie collationnée d'un Compte, du 10. Juillet 1700. produite par François de Saint-Aubin, repreſentant Antoine Julien.

Deſmarets. Ce qui réſulte de nôtredit Procès verbal de Viſite, concernant la Veuve Deſmarets.

Pommeréval. Les Pieces ci-deſſus produites par ladite Demoiſelle de Pommeréval.

Prevoſt. Un Extrait collationné d'un Contrat de Fiéfe, du 4. Septembre 1730. Une Ordonnance du Sieur de Maſcarany Grand-Maître, du 17. Aouſt 1677. Un Procès verbal de Bornage fait en conſéquence, le 4. Octobre 1679. Un Aveu au Terrier d'Arques, du 22. Aouſt 1678. produits par Jacques Prevoſt.

Pommeréval. Les Titres & Pieces ci-devant énoncez, & produits par ladite Demoiſelle de Pommeréval.

Prevoſt. Les Pieces & Titres ci-devant énoncez, & produits par ledit Jacques Prevoſt.

Pommeréval. Les Titres & Pieces ci-devant énoncez, & produits par ladite Demoiſelle de Pommeréval.

Prevoſt. Les Pieces & Titres ci-devant énoncez, & produits par ledit Jacques Prevoſt.

Laignel. Les Titres & Pieces ci-devant énoncez, & produits par ledit Antoine Laignel.

Volconte. Les Titres & Pieces ci-devant énoncez, & produits par ledit Sieur de Volconte.

Prevoſt. Les Pieces & Titres ci-devant énoncez, & produits par ledit Jacques Prevoſt.

Volconte. Les Titres & Pieces ci-devant énoncez, & produits par ledit Sieur de Volconte.

Tous les ci-deſſus nommez , Riverains de ladite Foreſt d'Eaüy , Garde de Pommeréval , Triage du Val-le-Roux.

Triage du Val-des-Grez.

U N Contrat de vente, du 7. Février 1587. Un Aveu au Fief d'Yel, du 9. Juillet 1599. produits par François Marais : Contredits dudit Procureur Genéral.   *Marais.*

Une Copie d'un Contrat de Fiéfe, du 21. Mai 1723. pro- duite par Loüis Rouſſel : Contredits dudit Procureur Genéral ; Réponſe à iceux, & nôtre Ordonnance du 3. Avril 1734. ſi- gnifiée le 6. des mêmes mois & an.   *Rouſſel.*

Un Aveu du 6. Juin 1731. produit par Pierre Auvray : Con- tredits dudit Procureur Genéral ; Réponſe à iceux, & nôtre Ordonnance du 3. Avril 1734. ſignifiée le 6. des mêmes mois & an.   *Auvray.*

Un Aveu du 13. Mars 1731. produit par Guillaume Mo- rin : Contredits dudit Procureur Genéral ; Réponſe à iceux, enſemble Copie d'un Contrat de Fiéfe , du 7. Novembre 1709. Nôtre Ordonnance du 3. Avril 1734. ſignifiée le 6. des mêmes mois & an.   *Morin.*

Les Titres & Pieces ci-devant énoncez , & produits par ledit Nicolas Tillard dit Cordier.   *Tillard.*

Tous les ci-deſſus nommez, Riverains de ladite Foreſt d'Eaüy, Garde de Pommeréval, Triage du Val-des-Grez.

Triage du grand Chemin de Bures.

C E qui réſulte de nôtredit Procès verbal de Viſite, con- cernant ledit Sieur de Pommeréval.   *Pommeréval.*

Une Copie collationnée d'un Contrat de Fiéfe , du 16. Aouſt 1730. produite par Pierre Bis : Une Requête du Sieur de Pommeréval, prenant le fait & cauſe dudit Bis ſon Fiéfa- taire : Nôtre Ordonnance du 17. Juillet 1734. ſignifiée le 24.   *Bis.*

des mêmes mois & an : Une autre Requête, enſemble un Aveu du 22. Avril 1602.

Pommeréval. Ce qui réſulte de nôtredit Procès verbal de Viſite, concernant ledit Sieur de Pommeréval.

Bigot. Ce qui réſulte de nôtredit Procès verbal de Viſite, concernant Jean Bigot.

Prevoſt. Un Extrait d'un Contrat de Fiéfe, du 5. Septembre 1730. produit par ledit Jacques Prevoſt.

Pommeréval. Ce qui réſulte de nôtredit Procès verbal de Viſite, concernant ledit Sieur de Pommeréval.

Religieuſes de la Viſitation. Un Contrat de Vente, du 7. Septembre 1688. & un Aveu du 15. Mars 1699. produits par les Dames Religieuſes de la Viſitation du ſecond Monaſtére de Roüen.

Grébauval. Deux Aveux des 4. Juillet 1646. & 26. Juin 1664. produits par Jacques Grébauval.

Goſſe. Ce qui réſulte de nôtredit Procès verbal de Viſite, concernant Charles Goſſe.

Joly. Deux Copies collationnées d'Aveux, des 28. Aouſt 1650. & 6. Juillet 1706. produites par Jacques Joly.

Religieuſes de la Viſitation. Les Titres & Pieces ci-devant énoncez, & produits par leſdites Dames Religieuſes de la Viſitation du ſecond Monaſtére de Roüen.

Chapelain de Follempriſe. Un Aveu du 12. Juillet 1698. produit par le Sieur Joly, Chapelain de Follempriſe.

Héritiers Landa. Un Aveu du 30. Novembre 1708. produit par les Heritiers de Nicolas Landa : Contredits dudit Procureur Genéral ; Réponſe à iceux, enſemble un Contrat de Donation, du 10. Février 1572. Un Aveu du 23. Juillet 1601. par nouvelle Production deſdits Jean & François Landa.

Religieuſes de la Viſitation. Les Titres & Pieces ci-deſſus énoncez, & produits par leſdites Dames Religieuſes de la Viſitation du ſecond Monaſtére de Roüen.

Abé de Bonport. Ce qui réſulte de nôtredit Procès verbal de Viſite, concernant le Sieur Cardinal de Polignac, Abé de Bonport.

Tous les ci-deſſus nommez, Riverains de ladite Foreſt d'Eaüy, Garde de Pommeréval, Triage du grand Chemin de Bures.

GARDE DE SAINT-MARTIN,
Triage du grand Chemin de Saint-Martin.

Ce qui réſulte de nôtredit Procès verbal de Viſite, concernant ledit Jean Mahieu.   *Mahieu.*

Les Heritiers de Jean Levaſſeur.   *Héritiers, le Vaſſeur.*

Les Repreſentans Simon Maſſe.   *Repreſentans Maſſe.*

Un Contrat de Fiéfe, du 12. Avril 1677. produit par Jacques Morin.   *Morin.*

Une Sentence de Decret du Vicomte d'Arques, du 27. Juillet 1688. produite par la DameDucheſſe de la Force : Contredits dudit Procureur General ; & Réponſe à iceux.   *De la Force.*

Les Titres & Pieces ci-devant énoncez, & produits par ledit Richard Bécachel.   *Bécachel.*

Les Titres & Pieces ci-devant énoncez, & produits par ledit Sieur Morlet, Prieur de S. Martin.   *Prieur de S. Martin.*

Un Aveu du 7. Mai 1681. Un Congé de la Maîtriſe d'Arques, du 23. Mai 1667. produits par le Sieur Curé de Saint Martin ſous Bellencombre : Contredits dudit Procureur General ; & Réponſe à iceux.   *Curé de S. Martin.*

Trois Contrats de vente, des 6. Décembre 1599. 11. Mars 1651. 7. Novembre 1652. Un Contrat de Fiéfe, du 10. Novembre 1662. & un Contrat de vente, du 6. Mai 1663. produits par la Demoiſelle de Palliere : Contredits dudit Procureur General ; & Réponſe à iceux.   *Palliére.*

Les Titres & Pieces ci-deſſus produits, & ci-devant énoncez par ladite Demoiſelle Lefebvre.   *Le Febvre.*

Les Titres & Pieces ci-devant énoncez, & produits par ledit Sieur de Beuville.   *Beuville.*

Tous les ci-deſſus nommez, Riverains de ladite Foreſt d'Eaüy, Garde de S. Martin, Triage du grand Chemin de S. Martin.

Triage du Fourchet d'Orival.

De la Force.   Les Titres & Pieces ci-devant énoncez, & produits par ladite Dame Ducheſſe de la Force.

Le Febvre.   Une Requête, enſemble un Aveu du 14. Décembre 1691. Copie collationnée d'un Contrat de vente, du 30. Décembre 1709. Un Aveu du 13. Octobre 1713. Un autre Aveu du 25. Février 1719. Une Copie collationnée d'un Contrat de Fiéfe, du 12. Septembre 1704. & un Contrat de vente, du 15. Séptembre 1731. produits par François Lefebvre.

Rouſſel.   Ce qui réſulte de nôtredit Procès verbal de Viſite, concernant Nicolas Rouſſel.

Laurence.   Nôtre Jugement par defaut, du 5. Mars 1734. contre Nicolas Laurence.

De Clére.   Nôtre Jugement par defaut, du 25. Février 1734. contre la Dame Comteſſe de Clére : Requête d'opoſition à icelui, enſemble un Aveu du 12. Mars 1472. Un Contrat d'aquiſition de la Terre de Bellencombre, du 11. Avril 1607. Une Sentence des Gages-Pléges de Longueville, du 27. Juillet 1650. & trois Baux des 21. Juillet 1662. 6. Mai 1668. & 26. Juillet 1678. produits par ladite Dame Comteſſe de Clére.

Petit.   Deux Contrats de Fiéfe, des 7. Juillet 1713. & 20. Novembre 1714. produits par Jean Petit : Contredits dudit Procureur General ; & Réponſe à iceux.

Curé d'Orival.   Copie d'une Ratification de vente, du 6. Juin 1709. produite par le Sieur Curé d'Orival : Contredits dudit Procureur General ; Réponſe à iceux, enſemble un Contrat de vente, du 19. Juillet 1656. Un Congé de la Maîtriſe d'Arques, du 3. Avril 1683. Un Acte de Lots & partages, du 6. Avril 1709. Un Contrat de vente & ratification d'icelui, des 8. Avril & 6. Juin 1709.

Rouſſel.   Ce qui réſulte de nôtredit Procès verbal de Viſite, concernant Charles Rouſſel.

Prieur de S. Martin.   Les Titres & Pieces ci-devant énoncez, & produits par

ledit

ledit Sieur Morlet , Prieur de Saint Martin.

Tous les ci-deſſus nommez , Riverains de ladite Foreſt d'Eaüy, Garde de S. Martin, Triage du Fourchet d'Orival.

Triage du Chemin - Courſier.

Les Titres & Pieces ci-devant énoncez , & produits par ledit François Lefévre.   *Lefévre.*

Copies collationnées d'un Aveu , du 8. Juillet 1700. & d'un Contrat de Fiéfe , du 26. Juillet 1700. produits par Thomas Delafoſſe.   *Delafoſſe.*

Ce qui réſulte de nôtredit Procès verbal de Viſite, concernant Nicolas Gaillard.   *Gaillard.*

Les Titres & Pieces ci-devant énoncez, & produits par ladite Dame Comteſſe de Clére.   *De Clére.*

Les Titres & Pieces ci-deſſus produits & ci - devant énoncez , pour ledit Sieur de Ricarville.   *Ricarville.*

Copies collationnées de Contrats d'aquiſitions, des 8. Janvier 1505. 18. Janvier 1506. 26. Janvier 1565. 4. Juin 1565. 25. Mars 1578. & 2. Juillet 1581. produites par ledit Sieur d'Imbleval : Contredits dudit Procureur Genéral ; Réponſe à iceux, enſemble un Aveu du 13. Juillet 1661. & un Procès verbal d'eſtimation de Terres, du 16. Décembre 1689.   *D'Imbleval.*

Ce qui réſulte de nôtredit Procès verbal de Viſite, concernant le Sieur Philippes Bodin.   *Bodin.*

Un Aveu du 26. Juin 1698. produit par François Gazot : Contredits dudit Procureur General : Copie collationnée d'un Contrat de Fiéfe, du 10. Mars 1710. & d'un Contrat de ceſſion , du 4. Mai 1711. enſemble une Requête dudit Gazot.   *Gazot.*

Une Copie collationnée d'un Aveu, du 9. Juin 1663. produite par Pierre Gardin.   *Gardin.*

Les Titres & Pieces ci-devant énoncez, & produits par ledit Sieur de Ricarville.   *Ricarville.*

Une Déclaration au Terrier d'Arques, du 27. Mars 1673. produite par Nicolas Soüillard.   *Soüillard.*

G

Morin.　Ce qui réfulte de nôtredit Procès verbal de Vifite, concernant Loüis Morin.

Ricarville.　Les Pieces & Titres ci-devant énoncez, & produits par ledit Sieur de Ricarville.

Tous les ci-deffus nommez, Riverains de ladite Foreft d'Eaüy, Garde de Saint-Martin, Triage du Chemin-Courfier.

GARDE DE MUCHEDENT,

Triage du Val-des-Joncs.

De la Force.　L e s Titres & Pieces ci-devant énoncez, & produits par ladite Dame Ducheffe de la Force.

Muchedent.　Un Contrat de vente, du 2. Mars 1675. Un Acte de Lots & partages, du 12. Mars 1683. Un Contrat de Fiéfe, du 27. Février 1722. Une Tranfaction du 4. Juillet 1724. Un Contrat de Fiéfe, du 10. Mars 1728. Un Contrat de vente, du 27. Février 1595. Un autre Contrat de vente, du 13. Mars 1606. Une Tranfaction du 14. Mars 1665. & un Memoire daté du 4. Avril 1734. produits par ledit Sieur de Muchedent.

Foffe.　Un Contrat de Fiéfe, du 8. Novembre 1650. Un Contrat de vente, du 14. Janvier 1702. Un autre Contrat de Fiéfe, du premier Mars 1718. produits par Charles Foffe, reprefentant Martin Baril : Contredits dudit Procureur Genéral : Un Contrat de Fiéfe, du 26. Novembre 1624.

D'Imbleval.　Les Titres & Pieces ci-devant énoncez, & produits par ledit Sieur d'Imbleval.

Curé de la Frefnaye.　Un Contrat d'Echange, du premier Aouft 1664. produit par le Sieur Curé de la Frefnaye : Contredits dudit Procureur Genéral ; & Réponfe à iceux.

Ricarville.　Les Titres & Pieces ci-devant énoncez, & produits par ledit Sieur de Ricarville.

Greffot.　Ce qui réfulte de nôtredit Procès verbal de Vifite, concernant Jean Greffot.

Loüis Morin.

Les Titres & Pieces ci-devant énoncez, & produits par le-
dit Sieur de Ricarville.

Tous les ci-deſſus nommez, Riverains de ladite Foreſt
d'Eaüy, Garde de Muchedent, Triage du Val-des-Joncs.

Triage de la Marre-Dufour.

L e s Titres & Pieces ci-devant énoncez, & produits par la-
dite Dame Ducheſſe de la Force.

Nôtre Jugement rendu par defaut, le 19. Aouſt 1733. con-
tre le Sieur Préſident Marquis de la Londe, ſignifié le 21.
Octobre de ladite année : Un Memoire contenant les
Moïens d'opoſition audit Jugement ; enſemble les Ajudications de Terres vaines & vagues, aux Rives de la Foreſt
d'Eaüy, des 16. Septembre 1575. 10. Aouſt 1577. & 10. Novembre 1603. faites par les Sieurs Commiſſaires députez par Sa Majeſté, pour l'aliénation deſdites Terres, & les Quitances du
païement du prix deſdites Ajudications, en date des 16. Séptembre 1575. &   Aouſt 1577. Copie collationnée d'un
Contrat de vente, du 14. Octobre 1620. Un Aveu du 21. Novembre 1640. Un Procès verbal du 14. Octobre 1669. de reconnoiſſance de Foſſez & Bornage, par le Maître Particulier
d'Arques, en exécution de l'Ordonnance renduë par le Sieur
du Moulinet, Commiſſaire Genéral-Réformateur, le premier
Septembre 1669. & de la Sentence de la Maîtriſe d'Arques, du
10. Octobre 1669. Une Ordonnance du Sieur le Feron Commiſſaire, du 16. Janvier 1686. pour le récenſement & récolement dudit Bornage, faits en exécution de ladite Ordonnance
du premier Septembre 1669. Une nouvelle Requête concernant le Terrain infeodé au Hameau de la Chapelle de S. Remy;
& une Sentence de la Table de Marbre du Palais à Roüen, du
18. Février 1709. par Production nouvelle dudit Sieur Préſident de la Londe.

De S. Paul. | Deux Copies collationnées de Contrats de Donation, des 27. Octobre 1617. & 28. Juin 1623. produites par les Demoiselles de S. Paul.

Prieuré de Pubel. | Deux Chartres de Donation, des premier Avril 1300. & 6. Septembre 1554. faites par Philippes Roy de France ; & Henry Roy d'Angleterre, Duc de Normandie : Une Information faite le 28. Avril 1599. par le Sieur du Mesnil, Commissaire pour la Réformation de la Forest d'Eaüy , produites par les Religieux du Prieuré de Pubel.

Descours. | Un Extrait collationné de Contrats de vente, des 11. Avril 1509. 6. Février 1564. & 18. Mars 1603. & une Requête produite par le Sieur Descours : Nouvelle Requête, & un Extrait collationné d'un Contrat d'Echange, du 4. Décembre 1625.

Muchedent. | Les Titres & Pieces ci-devant énoncez, & produits par ledit Sieur de Muchedent.

Grancour. | Ce qui résulte de nôtredit Procès verbal de Visite, concernant Loüis Grancour.

Riberval. | Le Sieur de Riberval.

Grancour. | Ledit Loüis Grancour.

Cauchie. | La Veuve de Nicolas Cauchie.

Grancour. | Ledit Loüis Grancour.

Muchedent. | Les Pieces & Titres ci-devant énoncez, & produits par ledit Sieur de Muchedent.

Durieux. | Une Sommation du 3. Décembre 1732. faite commettre par Nicolas Durieux, aux Sieur & Demoiselle Allais, de représenter ou lui remettre les Titres des Terres portées en son Contrat de Fiéfe, du 4. Septembre 1700. produite par ledit Durieux.

Muchedent. | Les Titres & Pieces ci-devant énoncez, & produits par ledit Sieur de Muchedent.

Fosse. | Les Titres & Pieces ci-devant énoncez, & produits par ledit Charles Fosse, représentant Martin Baril.

Tous les ci-dessus nommez, Riverains de ladite Forest d'Eaüy, Garde de Muchedent, Triage de la Marre-Dufour.

Triage du Hoquet.

L E s Titres & Pieces ci-deſſus produits par les Religieux   Prieuré de
dudit Prieuré de Pubel.   Pubel.

Deux Copies collationnées d'Aveux, des   &   Goſſe.
19. Novembre 1700. produites par Jacques Goſſe.

Une Déclaration du 21. Novembre 1663. Un Aveu du der-   Pochon.
nier Mai 1681. Un Contrat de Fiéfe, du 23. Juillet 1720. produits par Charles Pochon.

Un Aveu du 4. Juillet 1650. produit par Jacques Pinel.   Pinel.

Ce qui réſulte de nôtredit Procès verbal de Viſite, concer-   Goſſe.
nant Mathieu Goſſe.

Les Heritiers de Thomas le Monnier.   Le Monnier.
Nicolas Coffart.   Coffart.
Antoine Delamare.   Delamare.
Jean Julien.   Julien.
Deux Aveux des 11. Aouſt 1692. & 11. Septembre 1703. pro-   Blard.
duits par la Veuve de Nicolas Blard.

Ce qui réſulte de nôtredit Procès verbal de Viſite, concer-   Langlois.
nant Loüis Langlois.

Jean Moriſſet.   Moriſſet.
Les Pieces & Titres ci-devant énoneez, & produits par   Goſſe.
ledit Jacques Goſſe, & Mineurs de Michel Goſſe.

Un Aveu du premier Septembre 1696. produit par Jac-   Goſſe.
ques Goſſe, & les Mineurs de Michel Goſſe.

Les Titres & Pieces ci-deſſus produits par ledit Jacques   Goſſe.
Goſſe.

Les Titres & Pieces ci-devant énoncez, & produits par   Pochon.
ledit Charles Pochon.

Les Pieces & Titres ci-devant énoncez, & produits par   Prieuré de
leſdits Religieux dudit Prieuré de Pubel.   Pubel.

Les Titres & Pieces ci-devant énoncez, & produits par   Dubuſc.
ledit Sieur Sézanne Dubuſc.

Nôtre Jugement par defaut, du 18. Mars 1734. rendu con-   Dambray.

tre le Sieur Dambray : Requête d'opoſition à icelui, enſemble un Aveu du 28. Juillet 1588. Un autre Aveu du 14. Avril 1681. Un Etat de Decret, du 9. Juin 1598. & une Copie collationnée d'un Contrat de vente, du 18. Février 1673. produits par ledit Sieur Dambray.

Durand. Ce qui réſulte de nôtredit Procès verbal de Viſite, concernant le nommé Durand.

Crevier. Une Copie collationnée d'un Contrat de Fiéfe, du 26. Juin 1689. produite par Jean Crevier.

Maillard. Ce qui réſulte de nôtredit Procès verbal de Viſite, concernant la Veuve de Loüis Maillard.

Ricœur. Deux Contrats de Fiéfe, des 16. Novembre 1599. & 30. Aouſt 1720. produits par Jean Ricœur.

Deſcours. Les Titres & Pieces ci-devant énoncez, & produits par ledit Sieur Deſcours.

Tous les ci-deſſus nommez, Riverains de ladite Foreſt d'Eaüy, Garde de Muchedent, Triage du Hoquet.

GARDE DE TORCY,
Triage des Baſſes-Brehoules.

De la Londe. LES Titres & Pieces ci-devant énoncez, & produits par ledit Sieur Préſident de la Londe.

Lecoffre. Copie d'un Contrat de Fiéfe, du 9. Novembre 1710. Une Permiſſion du 23. Septembre 1716. acordée par le Sieur de Savary Grand-Maître, produites par Nicolas Lecofre : Contredits dudit Procureur General ; Réponſe à iceux, enſemble un Procès verbal du 3. Janvier 1619. dreſſé par le Lieutenant General de la Table de Marbre, de Meſurage & Bornage des Terres portées en l'Ajudication du 10. Aouſt 1577. & ledit Contrat de Fiéfe, du 9. Novembre 1710. par nouvelle Production dudit Lecoffre.

Paquet. Ce qui réſulte de nôtredit Procès verbal de Viſite, concernant Nicolas Paquet.

Une Copie collationnée d'Aveu, du 14. Juillet 1622. Une Sentence du Bailli de Longueville, du 7. Juillet 1657. Un Aveu du 12. Aouft 1661. produits par le Sieur Manuel, reprefentant le Sieur du Mefnil de la Baffe - Canne : Contredits dudit Procureur Général ; & Réponfe à iceux. *Manuel.*

Les Titres & Pieces ci-devant énoncez, & produits par ledit Sieur Dambray. *Dambray.*

Les Pieces & Titres ci-devant énoncez, & produits par ledit Charles Manuel. *Manuel.*

Les Titres & Pieces ci-devant énoncez, & produits par ledit Sieur Dambray. *Dambray.*

Un Contrat de Fiéfe, du 28. Février 1708. produit par Nicolas Gavelle : Contredits dudit Procureur General ; Réponfe à iceux, enfemble trois Aveux, des 11. Juillet 1640. 2. Juillet 1675. & 27. Aouft 1714. *Gavelle.*

Nôtre Jugement par defaut, du 18. Mars 1734. rendu contre Simon Cordier : Requête d'opofition dudit Cordier, enfemble un Contrat de Fiéfe, du 28. Septembre 1733. *Cordier.*

Un Contrat de vente, du 26. Mai 1712. produit par Loüis Albite : Contredits dudit Procureur Général ; Réponfe à iceux, enfemble un Extrait d'Aveu, du 8. Juin 1686. *Albite.*

Un Extrait d'Aveu, du   Juin 1682. produit par le Sieur Gueroult : Contredits dudit Procureur Général ; Réponfe à iceux, enfemble des Extraits collationnez de Contrats, des 18. Septembre 1674. & 17. Mars 1681. & ledit Aveu du Juin 1682. *Gueroult.*

Ce qui réfulte de nôtredit Procès verbal de Vifite, concernant Nicolas Mût. *Mût.*

Les Titres & Pieces ci-devant énoncez, & produits par ledit Sieur Manuel. *Manuel.*

Copies collationnées de Contrats de vente, des 25. Avril 1666. 26. Novembre 1692. 3. Juin 1692. 4. Novembre 1694. & 6. Aouft 1725. produites par Nicolas Feret : Contredits dudit Procureur Général. *Feret.*

Torcy.   Ce qui résulte de nôtredit Procès verbal de Visite, concernant le Sieur Torcy de Saint-Aubin.

Gavelle.   Les Titres & Pieces ci-devant énoncez, & produits par ledit Nicolas Gavelle.

De Monville.   Une Requête presentée par le Sieur de Monville.

Le Lateux.   Ce qui résulte de nôtredit Procès verbal de Visite, concernant Nicolas le Lateux.

Torcy.   Les Titres & Pieces ci-devant énoncez, & produits par la Dame Veuve dudit Sieur de Torcy.

De la Londe.   Les Titres & Pieces ci-devant énoncez, & produits par ledit Sieur Président de la Londe.

Maquére.   Ce qui résulte de nôtredit Procès verbal de Visite, concernant Thomas Maquére.

Durieux.   Un Aveu du p^{er}. Mai 1699. produit par François Durieux.

Desperrois.   Un Aveu du 28. Mai 1697. produit par Thomas Desperrois.

Plaisant.   Ce qui résulte de nôtredit Procès verbal de Visite, concernant Jacques Plaisant.

Houssaye.   Un Aveu du 30. Juillet 1614. produit par Nicolas Houssaye.

Coffart.   Un Aveu du 16. Novembre 1679. produit par Jean Coffart.

Hucher.   Un Contrat de Fiéfe, du 26. Décembre 1703. produit par Alexandre Hucher.

Tous les ci-dessus nommez, Riverains de ladite Forest d'Eaüy, Garde de Torcy, Triage des Basses-Bréhoules.

Triage des Hautes - Bréhoules.

Formas.   COPIE d'Aveu du 10. Avril 1731. produite par Nicolas Formas : Contredits dudit Procureur General.

Oüin.   Une Copie d'Aveu, du 14. Novembre 1731. produite par Jean Oüin : Contredits dudit Procureur General ; Réponse à iceux, ensemble deux Contrats de Fiéfe, des 11. Juin 1698. & 28. Septembre 1728. Un Procès verbal d'Arpentage, du 3. Octobre 1674. & Copie d'un Contrat du 14. Avril 1660.

De la Londe.   Les Titres & Pieces ci-devant énoncez, & produits par ledit Sieur Président de la Londe.

Un

Un Contrat de Tranſport, du 29. Septembre 1673. produit par la Veuve Bourguoiſe : Contredits dudit Procureur General. *Bourguoiſe.*

Une Copie collationnée d'Aveu, du 21. Aouſt 1732. produite par Antoine Deſmares : Contredits dudit Procureur Ge-néral ; & Réponſe à iceux. *Deſmares.*

Une Requête, enſemble un Aveu du 12. Septembre 1620. produits par Jean Legrand : Contredits dudit Procureur Genéral ; & Réponſe à iceux. *Le Grand.*

Une Copie collationnée d'un Contrat de vente, du 12. Novembre 1717. produite par Pierre Duval : Contredits dudit Procureur Genéral ; Réponſe à iceux, enſemble un Contrat du 29. Avril 1654. un Acte de Lots & partages, du 11. Avril 1657. & un Contrat de vente, du 27. Mai 1710. *Duval.*

Deux Extraits collationnez des Contrats de Fiéfe, des 4. Février 1701. & 29. Septembre 1727. produits par Pierre De-lamare : Contredits dudit Procureur Genéral. *Delamare.*

Un Contrat de Fiéfe, du 4. Janvier 1494. produit par Jo-ſeph Saunier : Contredits dudit Procureur Genéral. *Saunier.*

Un Contrat de Fiéfe, du 4. Janvier 1494. produit par Mar-guerite Noël : Contredits dudit Procureur Genéral. *Noël.*

Une Copie de Contrat, du 16. Avril 1617. de ceſſion de Clameur, produite par Michel Alexandre : Contredits dudit Procureur Genéral. *Alexandre.*

Un Acte de Lots & partages de mil… cens quarante-deux ; Un Aveu du 14. Juin 1673. produits par Mathieu Goſſe : Con-tredits dudit Procureur Genéral. *Goſſe.*

Un Dire dudit Procureur Genéral, ſignifié à François Cailletot. *Cailletot.*

Un Aveu du 19. Juin 1733. produit par Jacques Leguay, repreſentant Jacques Lecomte : Contredits dudit Procureur Genéral. *Leguay.*

Un Dire dudit Procureur Genéral, ſignifié à Jean Crevier. *Crevier.*

Deux Copies de Contrats de vente, des 25. Novembre 1598. 7. Avril 1628. & d'un Contrat de Partage, du 6. Mai *Ancel.*

1659. produits par Jean Ancel ; & Contredits dudit Procureur Genéral.

Leguay. Les Pieces & Titres ci-devant énoncez, & produits par ledit Jacques Leguay.

Goſſe. Les Pieces & Titres ci-devant énoncez, & produits par ledit Mathieu Goſſe.

Formas. Un Aveu du 28. Septembre 1703. produit par Jacques Formas : Contredits dudit Procureur Genéral ; Réponſe à iceux, enſemble un Contrat de Fiéfe, du 25. Octobre 1691.

Pochon. Une Copie collationnée d'Aveu, du 21. Juillet 1655. produite par François Pochon.

Simon. Un Contrat de vente, du 9. Octobre 1585. produit par Charles Simon : Contredits dudit Procureur Genéral.

Coffart. Un Contrat de vente, du 9. Octobre 1585. produit par François Coffart : Contredits dudit Procureur Genéral.

Deſperrois. Une Requête, & Copie collationnée d'Aveu, du 4. Avril 1731. produites par Robert Deſperrois : Contredits dudit Procureur Genéral.

Le Monnier. Une Copie d'un Contrat de Fiéfe, du 19. Novembre 1680. produite par Jean le Monnier : Contredits dudit Procureur Genéral.

Deſperrois. Un Aveu du 4. Juillet 1611. produit par Charles Deſperrois : Contredits dudit Procureur Genéral.

Varin. Une Copie d'Aveu, du 16. Aouſt 1673. produite par la Veuve de Nicolas Varin : Contredits dudit Procureur Genéral ; & Réponſe à iceux.

Auber. Une Copie de Contrat de ceſſion de Fiéfe, du 14. Septembre 1680. produite par Loüis Auber : Contredits dudit Procureur General.

Oüin. Une Copie d'un Contrat de Fiéfe, du 5. Février 1692. produite par Pierre Oüin : Contredits dudit Procureur Genéral.

De Grandval. Une Ajudication du 14. Aouſt 1603. de Terres vagües de la Foreſt d'Eaüy, faite par le Sieur de Fleury Grand-Maître : Un Extrait de Contrat, du 17. Juillet 1702. de vente faite par les

Sieurs Commiſſaires de Sa Majeſté , au Sieur Préſident du Tronc , des quinze deniers de Cens des Terres du Domaine d'Arques : Un Aveu du 31. Janvier 1732. produit avec Requête , par le Sieur Caqueray de Grandval.

Ce qui réſulte de nôtredit Procès verbal de Viſite , concernant Nicolas Ancel.   Ancel.

Les Pieces & Titres ci-devant énoncez , & produits par ledit Sieur de Grandval.   Grandval.

Ce qui réſulte de nôtredit Procès verbal de Viſite , concernant ledit Nicolas Ancel.   Ancel.

Un Acte ſignifié au Gréfe de la Réformation , le 26. Juin 1720. en réponſe à l'Exploit du 22. des mêmes mois & an , produit par Nicolas Paſquier dit Mencion.   Paſquier.

Les Pieces & Titres ci-devant énoncez , & produits par ledit Sieur de Grandval.   De Grandval.

Les Titres & Pieces ci-devant énoncez , & produits par ledit Sieur Dambray.   Dambray.

Les Pieces & Titres ci-devant énoncez , & produits par ledit Sieur Manuel.   Manuel.

Les Pieces & Titres ci-devant énoncez , & produits par ledit Sieur Sezanne Dubuſc.   Dubuſc.

Un Contrat de Fiéfe , du 16. Novembre 1699. Une Copie d'un Acte de Tranſport de ladite Fiéfe , du 30. Aouſt 1720. produits par Jacques Ricœur : Contredits dudit Procureur Genéral ; & Réponſe à iceux.   Ricœur.

Les Titres & Pieces ci-devant énoncez , & produits par ledit Sieur Sezanne Dubuſc.   Dubuſc.

Les Pieces & Titres ci-devant énoncez , & produits par ledit Jacques Ricœur.   Ricœur.

Les Titres & Pieces ci-devant énoncez , & produits par leſdits Religieux du Prieuré de Pubel.   Prieuré de Pubel.

Tous les ci-deſſus nommez , Riverains de ladite Foreſt d'Eaüy , Garde de Torcy , Triage des Hautes-Bréhoules.

GARDE DU CROC,
Triage du Val-Ninet.

Albite. UNE Copie collationnée d'Ajudication, du 4. Février 1577. de Terres vaines & vagues, faite par les Sieurs Commiſſaires de Sa Majeſté : Un Procès verbal d'Arpentage fait en conſéquence, le 13. Mars 1577. Une Quitance du 20. Mars 1577. du païement du prix de ladite Ajudication : Une autre Quitance du 25. Septembre 1580. de ſuplément païé pour ladite Ajudication : Autres Ordonnances deſdits Sieurs Commiſſaires, des 4. Octobre & 21. Novembre 1580. confirmatives de ladite Ajudication : Un Contrat de vente , du 7. Novembre 1722. & une Requête ; le tout produit par le Sieur Antoine Albite.

Delacroix. Une Permiſſion de couper des Acrûs, donnée le 11. Séptembre 1706. par le Sieur de Savary , conformément à une autre Permiſſion acordée le 25. Février 1673. par le Sieur de Maſcarany : Un Aveu du 21. Septembre 1708. produits par la Veuve Saunier heritiere de Henry Delacroix : Contredits dudit Procureur General ; & Réponſe à iceux.

Albite. Les Titres & Pieces ci-devant énoncez, & produits par ledit Antoine Albite.

Delacroix. Les Titres & Pieces ci-devant énoncez, & produits par ladite Veuve Saunier heritiere Delacroix.

Deſlondes. Ce qui réſulte de nôtredit Procès verbal de Viſite, concernant les Repreſentans de Saunier Deſlondes.

Soumeſnil. Une Requête du Sieur de Soumeſnil : Contredits dudit Procureur General ; Réponſe à iceux, enſemble une Quitance du 6. Décembre 1677. d'une Taxe pour les Droits de Tiers & Danger.

Saintigny. Nôtre Jugement par defaut, du 3. Juillet 1734. contre Nicolas Saintigny : Requête d'opoſition à icelui , preſentée par ledit Saintigny.

Ce qui réſulte de nôtredit Procès verbal de Viſite, concer-   Vattier.
nant le nommé Vattier.

Une Requête & un Contrat de Fiéfe, du 16. Avril 1720.   Rouſſel.
produits par Marguerite Saunier, prenant le fait & cauſe de
Guillaume Rouſſel ſon Fiéfataire.

Une Copie collationnée d'un Contrat de Fiéfe, du 25. Juin   Cauchie.
1656. produite par Pierre Cauchie.

Ce qui réſulte de nôtredit Procès verbal de Viſite, con-   Andrieu.
cernant Nicolas Andrieu.

Les Pieces & Titres ci-devant énoncez, & produits par   Dambray.
ledit Sieur Dambray.

Nôtre Jugement rendu par defaut, le 3. Juillet 1734. contre   Chapelle de
le Titulaire de la Chapelle de Sainte Catherine : Requête d'o-   Sainte Cathe-
poſition à icelui, preſentée par ledit Titulaire.   rine.

Les Titres & Pieces ci-devant énoncez, & produits par   De la Londe.
ledit Sieur Préſident de la Londe.

Tous les ci-deſſus nommez, Riverains de ladite Foreſt
d'Eaüy, Garde du Croc, Triage du Val-Ninet.

Triage de la Côte-d'Etables.

UNE Procuration de la Dame Marquiſe de Sœüil, paſſée à   De Sœüil.
Paris, le 5. Avril 1734. à l'éfet de déclarer par le Fondé d'icelle, au nom de ladite Dame, qu'elle ne poſſede dans la Paroiſſe
de Torcy, aucunes Terres, Larris ni Bois, aux Rives de la
Foreſt d'Eaüy : Requête preſentée par le Sieur Olivier, en
conſéquence de ladite Procuration.

Un Procès verbal de perquiſition du Sieur de Boishulin,   Boishulin.
du 4. Mars 1734.

Un Contrat du 17 Aouſt 1609. produit par le Sieur Bécu :   Bécu.
Contredits dudit Procureur Genéral ; Réponſe à iceux, par laquelle ledit Sieur Bécu déclare ne reclamer que les Terres portées audit Contrat, & ne prétendre ni avoir joüi des Larris
& petite Cheſnaye conteſtez.

Curé d'Etables. Une Requête produite par le Sieur Curé d'Etables : Contredits dudit Procureur General ; Réponse à iceux, ensemble un Certificat des Habitans dudit lieu d'Etables.

Lemarchand. Copies collationnées de deux Contrats de Fiéfe, des 20. Février 1702. & 4. Octobre 1703. produites par Pierre Lemarchand.

Torcy. Deux Contrats des 6. Septembre 1575. & 20. Avril 1577. d'Ajudications de Terres vagues, aux Rives de la Forest d'Eaüy, faites par les Sieurs Commissaires de Sa Majesté : Deux Quitances des 6. Septembre 1575. & 13. Avril 1577. du païement du prix desdites Ajudications : Une Sentence du Maître Particulier de Caux, de mise en possession du Terrain entrepris par le Sieur de Ricarville, sur Quitance du 10. Novembre 1600. de païement de la condamnation pour cette entreprise : Une autre Ajudication du 10. Novembre 1603. faite par le Sieur de Fleury Grand-Maître : Une Déclaration au Terrier d'Arques, du 18. Aoust 1679. produits par la Dame veuve dudit Sieur de Torcy : Contredits dudit Procureur General ; & Réponse à iceux.

Soumesnil. Les Titres & Pieces ci-devant énoncez, & produits par ledit Sieur de Soumesnil.

Tous les ci-dessus nommez, Riverains de ladite Forest d'Eaüy, Garde du Croc, Triage de la Côte-d'Etables.

Triage du Val-des-Grez.

Turpin. UNE Requête, nôtre Mandement en conséquence, du 3. Avril 1734. Autre Requête, ensemble un Contrat de vente, du 13. Septembre 1658. Autre Contrat de vente, du 6. Avril 1660. Un Aveu du 5. Juin 1714. & une Copie collationnée d'un Contrat de vente, du 9. Février 1734. produits par le Sieur David Dumouchel, reprefentant les Heritiers de Jean-Toussaint Turpin.

Marquet. Ce qui résulte de nôtredit Procès verbal de Visite, concernant le Sieur Marquet.

Une Sentence du Bailli de Longueville, du 19. Juin 1679. **Baudry.** Une Tranſaction du 5. Aouſt 1700. Une Sentence du Bailli de Dieppe, du premier Aouſt 1716. Une autre Tranſaction du 16. Avril 1718. & deux Baux des 10. Décembre 1716. & 28. Novembre 1722. produits avec Requéte, par la Demoiſelle Marthe Selles, veuve du Sieur Abraham Baudry, prenant le fait & cauſe de Jean Duboſc.

Une Copie collationnée d'un Contrat de vente, du 23. **Jourdain.** Aouſt 1714. produite par Antoine Jourdain.

Nôtre Jugement par defaut, du 24. Mars 1734. Une Re- **Malbranche.** quête d'opoſition à icelui, enſemble une Proclamation de Decret, du 21. Octobre 1663. & un Aveu du 7. Juillet 1712. produits par le Sieur Dujardin, prenant le fait & cauſe de Denis Malbranche ſon Fiéfataire.

Nôtre Jugement par defaut, du 24. Mars 1734. Une Re- **Daveſne.** quête d'opoſition à icelui, enſemble une Copie collationnée d'un Contrat de vente, du premier Aouſt 1684. & deux Aveux des 18. Juillet &   1703. produits par Guillaume Daveſne.

Une Ajudication du 15. Novembre 1582. de Terres vaines & **Ducrotey.** vagues de la Foreſt d'Eaüy, faite par le Sieur de Tibermeſnil, & produite par le Sieur Ducrotey du Traverſain : Contredits dudit Procureur Genéral ; & Réponſe à iceux.

Nôtre Jugement par defaut, du 24. Mars 1734. Requête **DeMorienne.** d'opoſition à icelui, enſemble une Copie collationnée d'un Contrat de vente, du 4. Mai 1602. produites par le Sieur de Morienne.

Une Requête, enſemble une Sentence arbitrale du 5. Fé- **De Fontenay.** vrier 1582. & un Jugement du 5. Juillet 1645. produits par le Sieur de Fontenay.

Les Titres & Pieces ci-devant énoncez, & produits par **Dambray.** ledit Sieur Dambray.

Ce qui réſulte de nôtredit Procès verbal de Viſite, con- **Bienaimé.** cernant les Mineurs de Nicolas Bienaimé.

Duhamel. Une Copie collationnée d'un Contrat de Fiéfe, produite par Nicolas Duhamel.

Quenoüille. Ce qui réfulte de nôtredit Procès verbal de Vifite, concernant Hubert Quenoüille.

Soumefnil. Les Titres & Pieces ci-devant énoncez, & produits par ledit Sieur de Soumefnil.

Tous les ci-deſſus nommez, Riverains de ladite Foreſt d'Eaüy, Garde du Croc, Triage du Val-des-Grez.

GARDE DES NAPPES,
Triage de la Laye-Madame.

De Morienne. LES Titres & Pieces ci-devant énoncez, & produits par ledit Sieur de Morienne.

De la Londe. Les Pieces & Titres ci-devant énoncez, & produits par ledit Sieur Préfident de la Londe.

Auber. Copies collationnées d'un Contrat de Ceſſion, du 19. Avril 1604. & d'un Contrat de vente, du 7. Février 1664. produites par les Heritiers de Jacques-Etienne Auber.

De la Londe. Les Titres & Pieces ci-devant énoncez, & produits par ledit Sieur Préfident de la Londe.

Religieuſes de S. Saëns. Les Titres & Pieces ci-devant énoncez, & produits par lefdites Dames Abeſſe & Religieuſes de S. Saëns.

Crevier. Un Contrat du 10. Janvier 1654. de ceſſion fur Clameur : Contredits dudit Procureur Genéral ; Réponſe fournie à iceux par Antoine Crevier, repréſentant Jean Hubert ; enſemble un Aveu du premier Mars 1665. & un Contrat de vente, du 17. Juin 1731.

Bullé. Trois Copies collationnées de Contrats de vente, des 11. Décembre 1714. 16. Décembre 1711. & 3. Avril 1710. Une Copie collationnée d'un Contrat de Fiéfe, du 25. Octobre 1702. produites par Guillaume Bullé.

Levitre. Une Copie collationnée de Déclaration à la Seigneurie d'Equiqueville, du 16. Mai 1731. produite par Jean Levitre.

Une

Une Déclaration du   suivant le Contrat de   Brehon.
Cession, du 15. Juillet 1674. Un Aveu à l'Abaïe de S. Saëns,
du 17. Juin 1631. Du contenu en une Sentence d'envoi en
possession, du 4. Octobre 1662. le tout produit par le Sieur
Brehon.

Les Titres & Pieces ci-devant énoncez, & produits par   Bulé.
ledit Guillaume Bulé.

Un Contrat du vente, du 3. Février 1618. produit par Mi-   Bourdelet.
chel Bourdelet, représentant Charles Fournier.

Les Pieces & Titres ci-devant énoncez, & produits par le-   Bulé.
dit Guillaume Bulé.

Un Aveu du 23. Juillet 1631. à la Seigneurie d'Yel : Une   Gruel.
Déclaration au Terrier d'Arques, du 19. Février 1679. produits
par le Sieur Gruel.

Une Copie collationnée d'un Contrat de vente, du 10. Fé-   Cambour.
vrier 1700. produite par Antoine Cambour.

Les Titres & Pieces ci-devant énoncez, & produits par le-   Bulé.
dit Guillaume Bulé.

Copie collationnée d'une Déclaration au Terrier d'Arques,   Balluet.
du 24. Décembre 1703. De deux Contrats de vente, des 10.
Juillet 1713. & 20. Septembre 1716. & d'un Contrat d'Echange, du 26. Avril 1719. produits par Robert Balluet.

Ce qui résulte de nôtredit Procès verbal de Visite, concer-   Balluet.
nant Antoine Balluet.

Les Titres & Pieces ci-devant énoncez, & produits par la-   De Torcy.
dite Veuve du Sieur de Torcy.

Un Aveu du 23. Juillet 1687. produit par Pierre Landa :   Landa.
Contredits dudit Procureur Genéral ; Réponse à iceux, ensemble des Extraits collationnez d'Ajudications de Terres vaines & vagues de la Forest d'Eaüy, des 5. Aoust 1575. & 14.
Aoust 1603.

Ce qui résulte de nôtredit Procès verbal de Visite, concer-   Gueroult.
nant Robert-Claude Gueroult.

Une Copie collationnée d'Aveu, du 24. Décembre   Cardon.

1 7 2 8. produite par Jacques Cardon.

Auber. Copies collationnées d'un Contrat de Ceſſion, du 19. Avril 1604. & d'un Contrat de vente, du 7. Février 1664. produites par les Heritiers de Jacques-Etienne Auber.

Tous les ci-deſſus nommez, Riverains de ladite Foreſt d'Eaüy, Garde des Nappes, Triage de la Laye-Madame.

Triage de la Lande-Hardel.

De Torcy. LES Titres & Pieces ci-devant énoncez, & produits par ladite Dame veuve du Sieur de Torcy.

Croquenoix. Un Extrait collationné d'un Contrat d'Echange, du 1700. produit par la Veuve Croquenoix.

Braſdefer. Ce qui réſulte du Procès verbal de Viſite de 1719. concernant Jacques Braſdefer.

De Torcy. Les Titres & Pieces ci-devant énoncez, & produits par ladite Dame de Torcy.

Blambureau. Un Contrat de vente, du 10. Juillet 1674. produit par Adrien Blambureau.

Le Monnier. Ce qui réſulte de nôtredit Procès verbal de Viſite, concernant François le Monnier.

Fournier. Un Contrat de Fiéfe, du 23. Février 1615. produit par Jean Fournier.

Croquenoix. Copies collationnées de Contrats de Fiéfe, des 28. Mai 1700. & 18. Mars 1706. & une Tranſaction du 12. Juillet 1711. produites par la Veuve de Guillaume Croquenoix.

Doutté. Ce qui réſulte de nôtredit Procès verbal de Viſite, concernant Jacques Doutté.

Renard. Un Extrait collationné d'Aveu, du 17. Novembre 1702. produit par Charles Renard.

Doutté. Ce qui réſulte de nôtredit Procès verbal de Viſite, concernant ledit Jacques Doutté.

Auber. Ce qui réſulte de nôtredit Procès verbal de Viſite, concernant ledit Nicolas Auber.

Renard. Les Titres & Pieces ci-devant énoncez, & produits par ledit Charles Renard.

Une Copie collationnée d'un Contrat de Fiéfe, du 27. Delamotte.
Mars 1722. produite par Antoine Delamotte.

Les Titres & Pieces ci-devant énoncez , & produits par De la Londe.
ledit Sieur Préſident de la Londe.

Les Pieces & Titres ci-devant énoncez , & produits par Doutté.
ledit Jacques Doutté.

Les Titres & Pieces ci-devant énoncez, & produits par le- De la Londe.
dit Sieur Préſident de la Londe.

Les Pieces & Titres ci-devant énoncez, & produits par le- Doutté.
dit Jacques Doutté.

Les Titres & Pieces ci-devant énoncez , & produits par De la Londe.
ledit Sieur Préſident de la Londe.

Les Titres & Pieces ci-devant énoncez , & produits par Landa.
ledit Pierre Landa.

Tous les ci-deſſus nommez, Riverains de ladite Foreſt
d'Eaüy, Garde des Nappes, Triage de la Lande-Hardel.

Triage du Meſnil-aux-Moines.

U n Contrat d'abandon, du 31. Décembre 1713. produit Monduet.
par le Sieur du Meſnil-Monduet.

Une Déclaration au Terrier d'Arques, du 17. Avril 1679. Langlois.
& une Copie collationnée d'une Sentence du Bailli de Bures,
du 29. Mars 1732. produites par la Veuve de François Langlois.

Les Titres & Pieces ci-deſſus produits par les Dames Reli- Religieuſes
gieuſes de Sainte-Marie du ſecond Monaſtere de Roüen. de Sainte-Marie.

Une Copie collationnée d'Aveu rendu en 1729. à la Sei- De Hames.
gneurie d'Yel, produite par la Veuve de Nicolas de Hames.

Ce qui réſulte de nôtredit Procès verbal de Viſite, concer- Tranchepain.
nant Pierre Tranchepain.

Les Titres & Pieces ci-devant énoncez, & produits par Croquenoix.
ladite Veuve de Guillaume Croquenoix.

Un Aveu du 7. Juillet 1638. produit par Nicolas Delamotte. Delamotte.

Ce qui réſulte de nôtredit Procès verbal de Viſite, concer- Delamotte.

nant la Veuve de Jacques Delamotte.

Savary.   Un Contrat de Fiéfe, du premier Octobre 1652. Un Arpentage du dernier de Février 1672. produits par François Savary.

Delamotte.   Ce qui résulte de nôtredit Procès verbal de Visite, concernant ladite Veuve de Jacques Delamotte.

Roze.   Un Extrait collationné d'un Contrat de Fiéfe, du 16. Mars 1709. produit par Pierre Roze.

Trevet.   Un ancien Aveu à la Seigneurie de Bures, produit par Pierre Trevet.

Religieuses de Sainte-Marie.   Les Titres & Pieces ci-devant énoncez, & produits par lesdites Dames Religieuses de Sainte-Marie de Roüen.

Abé de Bonport.   Ce qui résulte de nôtredit Procès verbal de Visite, concernant ledit Sieur Cardinal de Polignac, Abé de Bonport.

De la Londe.   Les Titres & Pieces ci-devant énoncez, & produits par ledit Sieur Président de la Londe.

Tous les ci-dessus nommez, Riverains de ladite Forest d'Eaüy, Garde des Nappes, Triage du Mesnil-aux Moines.

BOIS TAILLIS DE LONGUEVILLE.
Bois Parquet.

Bois de Longueville.   CE qui résulte de nôtredit Procès verbal de Visite desdits Bois Taillis, concernant

Le Sieur Marquis de Belbeuf,

Robert Lefévre,

Le Sieur Desgroisilles,

Ledit Sieur de Belbeuf,

Le nommé Ducroc,

Le nommé Meslin,

Les Dames Ursulines de Roüen,

Jean Osmont,

Ledit Sieur de Belbeuf.

Tous les ci-dessus nommez, Riverains dudit Bois Parquet.

Bois de la Coudrette.

Ledit Sieur Marquis de Belbeuf,
Nicolas Sanfon,
Lefdites Dames Urfulines de Roüen,
Le Sieur du Tanney,
Ledit Sieur de Belbeuf.
Tous les ci-deffus nommez, Riverains dudit Bois de la
Coudrette.

Bois Coroy.

Ledit Sieur de Belbeuf,
Nicolas Maromme,
La Demoifelle Lefévre,
Ledit Sieur de Belbeuf,
François Aviffe,
Nicolas Dilard,
Ledit Nicolas Sanfon,
Le Sieur Maromme Curé de Saint-Mars,
Antoine Levacher,
Ledit Sieur du Tanney.
Tous les ci-deffus nommez, Riverains dudit Bois Coroy.

Bois de la Vieille-Vente.

Le Sieur Harel,
La Dame Comteffe de Clére,
Ledit Sieur Maromme.
Tous les ci-deffus nommez, Riverains dudit Bois de
la Vieille-Vente.

Bois Cormont.

Ladite Dame de Clére,
Le Sieur Prieur de Saint Martin,

Le Sieur Jean Petit,
Ledit Sieur Prieur de Saint Martin,
Ledit Sieur Jean Petit,
Le nommé Levefque.
Tous les ci-deffus nommez, Riverains dudit Bois Cormont.

Bois de la Vicottiere.

Ledit Sieur Jean Petit,
Ledit Sieur Prieur de S. Martin,
Ladite Dame de Clére,
Adrien Poullain,
Ladite Dame de Clére,
Jean Ruffin,
Ledit Sieur Maromme,
Le Sieur de Sevis,
Le Sieur de la Rocque.
Tous les ci-deffus nommez, Riverains dudit Bois de la Vicottiere.

Bois Pohel.

Ledit Sieur Maromme,
Le Curé de Saint-Helier.
Les ci-deffus nommez, Riverains dudit Bois Pohel.

Bois de la Capelle.

Ledit Sieur Jean Petit,
Henry Lefévre,
Les Reprefentans Jean Dilard,
Le Sieur Merlin,
Ladite Dame de Clére,
Ledit Sieur Merlin,
Ledit Sieur Maromme,

Les Représentans ledit Dilard,
Le Sieur Pavyot du Mesnil.
Tous les ci-dessus nommez, Riverains dudit Bois de la
Capelle.

Bois des Mondereaux.

Les Heritiers de Jacques Dutronquay,
La Cure de Montreüil,
Le Sieur le Monnier,
Le nommé Deslié,
Ladite Cure de Montreüil,
L'Abaïe de S. Victor,
Le Sieur le Demandé.
Tous les ci-dessus nommez, Riverains dudit Bois des Mon-
dereaux.

Bois Cerfil.

Ladite Dame de Clére,
Le Sieur Masselin,
Le Sieur Hatteveille.
Les ci-dessus nommez, Riverains dudit Bois Cerfil.

Bois du Heron.

L'Hôpital de la Madeleine de Dieppe,
Le Sieur Berthelot,
L'Abaïe de Longueville,
Le Sieur Dubusc,
Le Sieur Dambray,
Les Religieux de S. Wandrille,
Ledit Sieur Dambray,
Ledit Hôpital de la Madeleine de Dieppe,
Ledit Sieur Dambray.
Tous les ci-dessus nommez, Riverains dudit Bois du Heron.

Les Conclusions définitives du Procureur Genéral de ladite Réformation, sur le tout : Et oüi lesdits Sieurs le Paige &
Cheret Commissaires, en leurs Raports ; Tout consideré,

FOREST D'ARQUES.

NOUS Commissaires-Réformateurs Genéraux faisans droit
sur le tout, avons ordonné que faute par ledit Sieur Catteville
de Malderée, de justifier du Titre originaire de l'engagement
d'un Arpent vingt perches de Bois Taillis, par lui prétendus
aux rives de ladite Foreft d'Arques ; ni d'aucun Titre de
propriété des Larris joignans icelle, & mentionnez en nôtredit Procès verbal de Visite ; lesdits Bois Taillis & Larris sont
& demeureront réünis au corps de ladite Foreft ; & sera tenu
ledit Sieur Catteville, de se clorre de fossez & de se borner,
entre ses Terres & Héritages, & lesdits Taillis & Larris réünis,
ainsi qu'il sera prescrit ci-après par nôtre Réglement genéral :
Défenses à lui faites au surplus, de faire aucune coupe desdits
Bois Taillis, sous les peines au cas apartenantes ; & l'avons en
outre condamné en cinquante livres d'Amende envers le
Roy, & aux deux sols pour livre de ladite somme, par
forme de restitution de vingt-neuf années de joüissance desdits Bois Taillis & Larris réünis.

Faute par ledit Sieur d'Ancourt d'avoir justifié de Titres de
propriété des Bois & Larris mentionnez en nôtredit Procès
verbal de Visite, avons réüni au corps de ladite Foreft, lesdits
Bois & Larris situez au-dessus des anciens vestiges de fossé
par Nous reconnus ; & en conséquence, ordonné que ledit
Sieur d'Ancourt sera tenu de se clorre de fossez & de se borner,
entre ses Héritages & lesdits Bois & Larris réünis, ainsi qu'il
sera prescrit ci-après par nôtre Réglement général ; & avons
en outre condamné ledit Sieur d'Ancourt en cinq cens livres
d'Amende envers le Roy, par forme de restitution des joüissan-
ces qu'il a eües desdits Bois & Larris, pendant vingt-neuf années.

Faute

Faute par les Habitans de la Paroiſſe d'Ancour , de juſtifier de la propriété des Communes par eux reclamées , les avons réünies à ladite Foreſt , & déclarées faire partie d'icelle : Ordonnons qu'à la diligence du Procureur Général de la Réformation , il ſera inceſſamment procédé par l'Arpenteur d'icelle, à l'Arpentage & meſurage deſdites Communes ; qu'il en ſera dreſſé plan & figure , pour être ajoûté au Plan général de ladite Foreſt ; & que tous les Riverains dudit Terrain réüni , ſeront chacun en droit ſoi , tenus de ſe clorre de foſſez & de ſe borner , entre icelui & leurs Héritages , ainſi qu'il ſera ci-après preſcrit , par nôtre Réglement général ; & avons en outre condamné ſolidairement leſdits Habitans d'Ancour , en quinze livres d'Amende, par forme de reſtitution des joüiſſances dudit Terrain , depuis l'année 1731.

Avons donné Acte audit Sieur de Lamberville, de la déclaration par lui paſſée dans ſes Requêtes ; & en conſéquence, avons réüni au corps de ladite Foreſt, la Liziére de Bois Taillis en queſtion, mentionnée dans nôtredit Procès verbal de Viſite ; & ordonné que la prétenduë Borne plantée à rez de chauſſée , dans l'angle rentrant en ladite Foreſt , entre icelle & ladite Liziére , ſera inceſſamment ôtée & arrachée, à la diligence du Procureur Général de la Réformation ; & que ledit Sieur de Lamberville ſera tenu de ſe clorre de foſſez & de ſe borner, entre ſes Héritages & ladite Liziére réünie, ainſi qu'il ſera ci-après preſcrit, par nôtre Réglement général : Et avant faire droit ſur la demande dudit Procureur Général , pour raiſon de l'Amende & reſtitution , à cauſe de l'Exploitation de ladite Liziére de Bois Taillis , ordonné que dans huitaine pour tout delai , du jour de la Signification de nôtre preſente Ordonnance , ledit Sieur de Lamberville ſera tenu de mettre ſon Fermier en Cauſe , pour y défendre conjointement ; ſinon ledit tems paſſé, ſera fait droit , ainſi qu'il apartiendra , aux perils & riſques dudit Sieur de Lamberville.

Que les Habitans de la Paroiſſe de Sauchay, ſeront tenus

K

Foreſt d'Ar-
ques.

de ſe clorre de foſſez & de ſe borner, entre ladite Foreſt &
leurs Héritages, ainſi qu'il ſera ci-après preſcrit, par nôtre
Réglement general.

Dacheux.

Avons maintenu & gardé ledit Sieur Dacheux d'Inerville, en
propriété & poſſeſſion des dix Arpens ſoixante & trois perches de Bois Taillis en queſtion ; & ordonné qu'à la diligence
dudit Procureur Général, ledit Sieur Dacheux ſera tenu de ſe
borner & de ſe clorre de foſſez, qui ſeront tirez à droite ligne de bornes en bornes, des ſix qui y ſont plantées, &
ainſi qu'il ſera preſcrit ci-après, par nôtre Réglement general :
Et faiſant droit ſur l'entrepriſe faite par ledit Sieur d'Inerville, lors de l'Exploitation deſdits Bois Taillis, mentionnée
en nôtredit Procès verbal de Viſite, l'avons condamné en dix
livres d'Amende envers le Roy, pareille ſomme de reſtitution, & aux deux ſols pour livre ; défenſes audit Sieur Dacheux de récidiver, ſous les peines au cas apartenantes.

Mitifeu.

Faute par ledit Mitifeu ou ſes Auteurs, d'avoir juſtifié par
Titres primordiaux, de leur propriété de la Liziére d'environ quatre-vingt Perches en queſtion, ſituée aux rives de
ladite Foreſt, & de s'être conformé au Jugement du Sieur de Savary, en date du 8. Octobre 1692. ordonnons que ladite Liziére eſt & demeurera réünie au corps de ladite Foreſt ; que
ledit Mitifeu ſera tenu de ſe clorre de foſſez & de ſe borner,
entre ladite Liziére & ſes Héritages, ainſi qu'il ſera ci-après
preſcrit par nôtre Réglement general : Avons en outre condamné ledit Mitifeu en cinquante livres d'Amende envers le
Roy, par forme de reſtitution des joüiſſances de ladite Liziére, pendant vingt-neuf années.

Rouſſeau.

Que ledit Nicolas Rouſſeau ſera tenu de ſe clorre de foſſez
& de ſe borner, entre ladite Foreſt & ſes Héritages, ainſi qu'il
ſera ci-après preſcrit, par nôtre Réglement general.

Gonneville.

Faute par ladite Dame de Gonneville, de juſtifier de Titres de propriété de la Liziére d'Arbres, étant ſur le foſſé d'entre ladite Foreſt & les Terres de ladite Dame, avons décla-

ré ladite Liziére faire partie de ladite Foreſt, & réünie à icelle :
Faiſons défenſes à ladite Dame, de faire aucune coupe ni abatis
deſdits Arbres, ſous les peines au cas apartenantes ; & ſera au
ſurplus tenuë de ſe clorre de foſſez & de ſe borner, entre ladite Foreſt & ſes Héritages, ainſi qu'il ſera ci-après preſcrit, par
nôtre Réglement genéral.

Avons maintenu ledit Sieur Davaſne de Vieux-Roy, en la *Davaſne.*
propriété & joüiſſance des vingt Acres d'une part, & des ſept
Vergées de Terre, d'autre part, portées aux Contrats des 3.
Juin 1680. & 12. Février 1678. Ordonnons que ledit Sieur de
Vieux-Roy ſera tenu de retirer les bouts de la haye de clo-
ture de ſes Clos & Maſure, de deſſus ladite Foreſt ; en ſorte
que le contour d'icelle ſoit libre : Avons confiſqué les Arbres
& Bois plantez ſur la crête du foſſé de ladite Foreſt, le long
deſdits Héritages, & déclaré leſdits Arbres réünis à icelle & en
faire partie : Avons en outre condamné ledit Sieur de Vieux-
Roy en cinquante livres d'Amende, par forme de reſtitution
des joüiſſances deſdits Arbres & Liziére de Bois ; lui faiſons
défenſes de faire à l'avenir aucunes bréches aux foſſez de ladite
Foreſt, ſous quelque prétexte que ce puiſſe être : Ordonnons
qu'il ſera tenu de ſe clorre de foſſez & de ſe borner, entre ladite Foreſt & ſes Heritages, ainſi qu'il ſera ci-après preſcrit,
par nôtre Réglement genéral ; parce que néanmoins aux endroits le long deſdits Héritages, où le foſſé ci-devant fait, ſe
trouvera double, le creux d'icelui du côté de ladite Foreſt, ſera comblé, & le creux du côté deſdits Héritages rétabli.

Avons maintenu ladite Dame veuve & Héritiers dudit feu *De Torcy.*
Sieur de Torcy, en la propriété & joüiſſance des excroiſſances étant le long des Terres & Ferme de Florence ; déclarons
la crête des foſſez & bois étans deſſus réünis au corps de ladite
Foreſt, ainſi que le Bois Taillis en queſtion joignant icelle :
Avons en outre condamné ladite Dame veuve & Héritiers dudit feu Sieur de Torcy, en deux cens livres d'Amende, en outre les deux ſols pour livre, à laquelle ſomme Nous avons

modéré celle de trois cens livres, portée par nôtre Ordonnance du 4. Mai dernier, pour vingt-neuf années de joüiſſance
dudit Bois Taillis, laquelle Ordonnance ſera au ſurplus exécutée ſuivant ſa forme & teneur, & lequel porte que faute par ledit Sieur Groulard de Torcy, d'avoir juſtifié par Titres valables,
la propriété par lui prétenduë, de la piéce de Bois & Liziére
joignant ladite Foreſt, à cauſe de ſa Seigneurie de S. Aubin, &
vû ce qui eſt porté en nôtre Procès verbal de Viſite de ladite
Foreſt, ladite piéce de Bois & Liziére ſont & demeureront réünies au corps de la Foreſt d'Arques ; que le Meſurage & Arpentage en ſera fait inceſſamment, à la diligence dudit Procureur Genéral, par l'Arpenteur de la Réformation, pour enſuite la quantité & figure d'icelles, être jointes au Plan général par lui fait de ladite Foreſt ; que les Bornes qui ſe pouroient trouver entre icelle & leſdits Bois, ſeront ôtées & arrachées, & les foſſez, ſi aucuns il y a, comblez ; que ledit Sieur de
S. Aubin ſera tenu de faire faire inceſſamment, à ſes frais &
dépens, entre ladite Liziére, piéce de Bois réünie & ſes Héritages, un foſſé de la largeur & profondeur portées par l'Ordonnance des Eaux & Forêts de 1669. lequel foſſé ſera pris ſur
leſdits Héritages, ſuivant l'alignement qui lui en ſera donné,
& les Terres en provenantes jettées du côté de ladite Foreſt :
Avons en outre condamné ledit Sieur de Torcy de S. Aubin,
en trois cens livres d'Amende envers le Roy, pour la reſtitution de vingt-neuf années de joüiſſance deſdites piéces de
Bois & Liziére ; & ordonné qu'il laiſſera libre le paſſage du
contour de ladite Foreſt, entre icelle & ſes Héritages.

<table><tr><td>De Courcy.</td><td>Que ledit Sieur de Courcy ſera tenu de ſe clorre de foſſez</td></tr></table>

Que ledit Sieur de Courcy ſera tenu de ſe clorre de foſſez
& de ſe borner, entre ladite Foreſt & ſes Héritages, ainſi
qu'il ſera ci-après preſcrit, par nôtre Réglement genéral.

De Raſſent.   Que ledit Sieur de Raſſent ſera tenu de ſe clorre de foſſez
& de ſe borner, entre ladite Foreſt, ſes Héritages & Bois
Taillis, ainſi qu'il ſera ci-après preſcrit, par nôtre Réglement
genéral ; & l'avons en outre condamné en cinquante livres

d'Amende envers le Roy , & deux ſols pour livre de ladite
ſomme , pour les bois coupez ſur les foſſez & terrain de la
Foreſt , mentionnez en nôtredit Procès verbal de Viſite , &
lors de la coupe deſdits Bois Taillis.

Avons reçû leſdits Peres Jeſuites de Dieppe , Titulaires dudit Prieuré de S. Etienne , opoſans à nôtre Ordonnance du
28. Avril dernier ; faiſant droit ſur leur opoſition , les avons
deboutez en ce qui concerne la propriété des deux petites
portions de Bois Taillis & Larris entre icelles en queſtion ;
& aïant égard au peu de tems qu'il y a que leſdits Peres Jeſuites ſont Titulaires dudit Prieuré de S. Etienne , les avons
condamnez en cinquante livres d'Amende envers le Roy ,
par forme de reſtitution des joüiſſances deſdits Bois Taillis
& Larris , pendant ſix ans : Ordonnons au ſurplus que nôtredit
Jugement du 28. Avril dernier , ſera exécuté ſuivant ſa forme & teneur ; & lequel porte que faute par leſdits Peres
Jeſuites d'avoir défendu à l'Aſſignation à eux commiſe , le 6.
Juin dernier , ni produit aucuns Titres ou Piéces concernans la propriété en leurdite qualité, des Bois & Larris joignans
la Foreſt d'Arques , & mentionnez en nôtredit Procès verbal
de Viſite d'icelle , leſdites deux portions de Bois Taillis &
Larris entre icelles , feront & demeureront réünies au corps
de ladite Foreſt d'Arques ; & qu'il ſera inceſſamment procedé,
à la diligence dudit Procureur Genéral , à l'Arpentage & Meſurage deſdits Taillis & Larris , par l'Arpenteur de la Réformation , dont la quantité & figure ſeront ajoûtez au Plan
genéral par lui fait de ladite Foreſt d'Arques ; pour enſuite
leſdits Taillis & Larris réünis être ſéparez des Terres & Héritages dudit Prieuré de S. Etienne , par un foſſé que leſdits
Peres Jeſuites feront tenus de faire faire à leurs frais & dépens,
de la largeur & profondeur portées par l'Ordonnance de 1669,
& dont la terre ſera priſe ſur celle dudit Prieuré , & jettée ſur
la Foreſt , l'alignement duquel foſſé leur ſera donné par ledit
Arpenteur : Avons en outre condamné leſdits Peres Jeſuites

en cinq cens livres d'Amende envers le Roy, pour la reſtitution des joüiſſances pendant vingt-neuf années deſdits Bois
& Larris.

Croiſé.   Avons maintenu ledit Sieur Croiſé en propriété & poſſeſſion des deux pieces de Terre & petite portion de Taillis
joignant ladite Foreſt ; & ordonné qu'il ſera tenu de ſe clorre
de foſſez & de ſe borner, entre ſeſdits Héritages & ladite Foreſt, ainſi qu'il ſera ci-après preſcrit, par nôtre Réglement genéral.

Dubos.   Avons maintenu ledit Charles Dubos en propriété & poſſeſſion des deux Acres de Terre en labeur à lui apartenantes,
& joignantes ladite Foreſt ; & ordonné qu'il ſera tenu de ſe
clorre de foſſez & de ſe borner, entre icelles & ladite Foreſt,
ainſi qu'il ſera ci-après preſcrit, par nôtre Réglement genéral.

Croiſé.   Ledit Sieur Croiſé précedemment jugé à ce ſujet.

Tous les ci-deſſus nommez, Riverains de ladite Foreſt
d'Arques.

FOREST D'HELLET.

Durey.   Avons reçû ledit Sieur Durey de Mainieres opoſant à nôtre Ordonnance du 2. Mai dernier ; faiſant droit ſur ſon
opoſition & y aïant égard, l'avons maintenu en la propriété
& poſſeſſion de ſes Bois Taillis, apellez la Foſſe-Violette, l'Eſperonde & la Londe ; & néanmoins ordonné que le foſſé
moderne étant proche dudit Bois de la Londe, & remontant
dans la Foreſt, ſera comblé à ſes frais, & qu'il en ſera fait un
nouveau ſur les veſtiges d'un ancien, qui ſubſiſtent au-deſſous
dudit foſſé moderne : Avons en outre déclaré le Bois qui ſe
trouve entre leſdits deux foſſez, réüni à ladite Foreſt & en
faire partie ; ainſi qu'une autre petite portion de Bois, étant
proche la Ferme des Coudrayes, faute par ledit Sieur de Mainieres d'avoir juſtifié de Titres de propriété de ladite petite portion de Bois : Avons en outre condamné ledit Sieur Durey en

cent livres d'Amende envers le Roy , & aux deux ſols pour livre de ladite ſomme , par forme de reſtitution de vingt-neuf
années de joüiſſance deſdites entrepriſes ; & ſera au ſurplus ledit Sieur de Mainieres tenu de ſe clorre de foſſez & de ſe borner , entre ladite Foreſt , ſes Terres & Bois , ainſi qu'il ſera
ci-après preſcrit , par nôtre Réglement genéral.

Que ledit Sieur Archevêque de Roüen ſera tenu de ſe
clorre de Foſſez & de ſe borner , entre ladite Foreſt & ſes Heritages , ainſi qu'il ſera ci-après preſcrit, par nôtre Réglement
genéral.

Avons réüni au corps de ladite Foreſt , le Terrain de la
partie de la Maſure & Terres dudit Petit , à prendre de l'ex-
trêmité d'un angle ſortant de ladite Foreſt , proche le Chemin
de Baillolet à Mainieres , & tirant à droite ligne juſqu'à l'ex-
trêmité d'un autre angle ſortant de ladite Foreſt , dans la Maſure dudit Petit ; icelui condamné en deux cens livres d'A-
mende par forme de reſtitution , pour la joüiſſance qu'il a
euë du Terrain anticipé , formant un angle rentrant dans ladite Foreſt : Ordonnons que ladite ligne droite ſera tirée par
l'Arpenteur de la Réformation , à la diligence dudit Procureur Genéral ; & que ſuivant icelle ledit Petit ſera tenu de ſe
clorre de Foſſez & de ſe borner , entre ladite Foreſt & ſes Heritages , ainſi qu'il ſera ci-après preſcrit par nôtre Réglement
genéral : Avons en outre confiſqué au profit du Roy , la Haïe
& Arbres étans ſur le Foſſé anticipé ; ordonnons qu'il ſera
comblé , & la Barriere de ladite Maſure ouvrante ſur ladite
Foreſt , ôtée & enlevée ; le tout aux frais dudit Petit.

Que ledit Sieur Bruhyer de Renneval ,

Ledit Sieur Marcatel ,

Ledit Antoine Mauger ,

Et ledit Jean Guillebert, ſeront tenus chacun en droit ſoi, de
clorre de Foſſez & de ſe borner , entre ladite Foreſt & leurs
Heritages , ainſi qu'il ſera ci-après preſcrit , par nôtre Réglement genéral.

Foreſt d'Hel-
let.
De Gréges.

Que ledit Nicolas de Gréges ſera tenu de ſe clorre de Foſſez & de ſe borner, entre ladite Foreſt & ſes Heritages, ainſi
qu'il ſera ci-après preſcrit, par nôtre Réglement genéral:
Avons en outre ordonné que les Arbres de liſiere étans le
long des trois Acres & demie de terre, d'une part, & cinq
Vergées d'autre, apartenantes audit de Gréges, ſeront renfer-
mées ſur le Terrain de ladite Foreſt.

De Villers.

Que ledit Jean de Villers,

Helüin.

Ledit Charles Helüin,

Marcatel.

Et ledit Sieur Marcatel ſeront tenus, chacun en droit ſoi,
de ſe clorre de Foſſez & de ſe borner, entre ladite Foreſt &
leurs Heritages, ainſi qu'il ſera ci-après preſcrit, par nôtre Réglement genéral.

De Gréges.

Avons maintenu leſdits Sieurs de Gréges, en la proprieté
de trois Acres & demie de terre, d'une part, & de cinq Vergées, d'autre : Ordonnons qu'ils ſeront tenus de ſe clorre de
foſſez & de ſe borner, entre icelles & ladite Foreſt, ainſi
qu'il ſera ci-après preſcrit, par nôtre Réglement genéral ; &
cependant que les Arbres de liſiere étans le long deſdites Piéces de terre, ſeront renfermez dans le Terrain de ladite Foreſt.

Dampierre.

Que ledit Sieur de Dampierre ſera tenu de ſe clorre de Foſſez & de ſe borner, entre ladite Foreſt & ſes Heritages, ainſi
qu'il ſera ci-après preſcrit, par nôtre Réglement genéral.

De Gréges.

Leſdits Sieurs de Gréges précedemment jugez à ce ſujet.

La Bruyere.

Que le nommé la Bruyere,

Habitans de
Baillolet.

Les Habitans de Baillolet, pour les Communes dudit lieu,

Philippes.

Ledit Thomas Philippes,

Lheullier.

Ledit Jean Lheullier,

Delacour.

Ledit Sieur Delacour,

Bellet.

Ledit Charles Bellet,

Delamotte.

Et ledit Jean Delamotte ſeront tenus, chacun en droit ſoi,
de ſe clorre de Foſſez & de ſe borner, entre ladite Foreſt &
leurs Heritages, ainſi qu'il ſera ci-après preſcrit, par nôtre Réglement genéral.

Que

Que ledit Sieur Mouchard des Creſſonnieres ſera tenu de retirer inceſſamment la Haïe de clôture de ſa Maſure, de deſ-ſus le Terrain de ladite Foreſt, pour être ladite Haïe remiſe, s'il aviſe que bien ſoit, par-delà l'ancien veſtige de Foſſé de ladite Foreſt, mentionné en nôtredit Procès verbal de Viſite d'icelle, & au corps de laquelle Nous avons réüni le Terrain d'entre ledit ancien veſtige de Foſſé & ladite Foreſt, ſur la largeur d'environ demi-Perche le long de ladite Maſure, en-tre laquelle & ledit Terrain réüni, ledit Sieur Mouchard ſera tenu de ſe clorre de Foſſez & de ſe borner, ainſi qu'il ſera ci-après preſcrit par nôtre Réglement general : Avons en outre condamné ledit Sieur Mouchard, en cent livres d'Amende par forme de reſtitution, de vingt-neuf années de joüiſſance dudit Terrain anticipé.

Que le Sieur Vincent Curé du Neufchâtel,

Et ledit Sieur Delacour feront tenus chacun en droit ſoi, de ſe clorre de Foſſez & de ſe borner, entre ladite Foreſt & leurs Heritages, ainſi qu'il ſera ci-après preſcrit, par nôtre Ré-glement général.

Que la Haïe étant le long des Heritages deſdits Heritiers du Boſdué, & atachée ſur le Foſſé de ladite Foreſt, en ſera reti-rée ; leur faiſons défenſes d'y en rétablir à l'avenir ; & pour l'avoir fait, les condamnons en dix livres d'Amende envers le Roy, en outre les deux ſols pour livre de ladite ſomme ; & au ſurplus feront tenus de ſe clorre de Foſſez & de ſe bor-ner, entre ladite Foreſt & leurs Heritages, ainſi qu'il ſera ci-après preſcrit, par nôtre Réglement genéral.

Que ledit le Normand retirera la Haïe étant deſſus les vingt-neuf Perches de Terrain de la Foreſt, par lui entrepriſes, ſui-vant ledit Procès verbal d'Arpentage, & leſquelles Nous avons réünies à ladite Foreſt, entre laquelle & ſes Heritages il ſera au ſurplus tenu de ſe clorre de Foſſez & de ſe borner, ainſi qu'il ſera ci-après preſcrit, par nôtre Réglement genéral ; & l'avons en outre condamné en dix livres d'Amende envers le Roy, &

aux deux ſols pour livre de ladite ſomme , par forme de reſtitution de ladite entrepriſe.

Mouchard. Ledit Sieur Mouchard des Creſſonnieres précedemment
jugé à ce ſujet.

De Mon-
ville. Que leſdits Sieur & Dame de Monville heritiers la Haye ,
feront tenus de ſe clorre de Foſſez & de ſe borner , entre ladite Foreſt & leurs Heritages , ainſi qu'il ſera ci-après preſcrit ,
par nôtre Réglement general.

Greſſent. Avons reçû ledit Sieur Greſſent opoſant à nôtre Ordonnance du 2. Mai dernier ; & faiſant droit ſur ſon opoſition ,
l'avons maintenu en la propriété de la Maſure en queſtion , &
déchargé des condamnations contre lui prononcées ; parce
que néanmoins les Arbres étans dans la Haïe ſervant de ſéparation entre ladite Maſure & ladite Foreſt , ſont & demeureront réünis au corps d'icelle : Enjoint audit Greſſent de faire
détruire ladite Haïe , & de faire faire un Foſſé en dedans de
ladite Maſure & de ſe borner , ainſi qu'il ſera ci-après preſcrit , par nôtre Réglement general.

Lormier. Que ledit Jean Lormier ſera tenu de ſe clorre de Foſſez &
de ſe borner , entre ladite Foreſt & ſes Heritages , ainſi qu'il
ſera ci-après preſcrit , par nôtre Réglement general.

Lormier. Avons déclaré les Arbres étans le long de la Maſure deſdits Heritiers de Jean & Loüis Lormier , du côté du Chemin
de ladite Foreſt , en faire partie ; & en conſéquence , ordonné
qu'ils ſeront tenus de ſe clorre de Foſſez & de ſe borner , entre iceux & leurdite Maſure , ainſi qu'il ſera ci-après preſcrit ,
par nôtre Réglement general.

Néel. Avons déclaré les Arbres mentionnez en nôtredit Procès
verbal de Viſite , étans le long du Chemin & Maſure dudit
Sieur Néel , faire partie de ladite Foreſt , à laquelle Nous les
avons réünis ; & en conſéquence , ordonné que ledit Sieur
Néel ſera tenu de ſe clorre de Foſſez & de ſe borner , entre
iceux & ſadite Maſure , ainſi qu'il ſera ci-après preſcrit , par
nôtre Réglement general.

Avons déclaré les Arbres étans ſur la crête du Foſſé de la Maſure dudit de Bonne, faire partie de ladite Foreſt : Ordonnons en outre qu'il ſera tenu de ſe clorre de Foſſez & de ſe borner, entre iceux & ſadite Maſure, ainſi qu'il ſera ci-après preſcrit, par nôtre Réglement genéral. *De Bonne.*

Ledit Sieur Préſident Durey Marquis de Mainieres, précédemment jugé à ce ſujet. *Durey.*

Que ledit Sieur Préſident de Courvaudon ſera tenu de ſe clorre de Foſſez & de ſe borner, entre ladite Foreſt & ſes Heritages, ainſi qu'il ſera ci-après preſcrit, par nôtre Réglement genéral. *De Courvaudon.*

Ledit Sieur Préſident Durey Marquis de Mainieres, précédemment jugé à ce ſujet. *Durey.*

Tous les ci-deſſus nommez, Riverains de ladite Foreſt d'Hellet, Garde d'Equiquemont & de la Queuë-du-Mont.

Garde de Saint-Antoine, dite Coûtumiere.

Que ledit Sieur de Monville heritier de la Haye, *Monville.*
Ledit Antoine Delamotte, *Delamotte.*
Ledit Céſar Duqueſnoy, *Duqueſnoy.*
Ledit Euſtache Delamotte, *Delamotte.*
Ledit Céſar Duqueſnoy, *Duqueſnoy.*
Ledit Guillaume Guaynet, *Guaynet.*
Et leſdits Sieurs Marquis de Vieuxbourg & Préſident Turgot ſeront tenus, chacun en droit ſoi, de ſe clorre de Foſſez & de ſe borner, entre ladite Foreſt & leurs Heritages, ainſi qu'il ſera ci-après preſcrit, par nôtre Réglement genéral. *Vieuxbourg & Turgot.*

Que ledit Nicolas Brianſon retirera la Haïe de ſa Maſure, de deſſus le Foſſé par lui entrepris : Défenſes à lui faites de faire aucune coupe ſur ledit Foſſé, que Nous avons déclaré faire partie de ladite Foreſt ; l'avons en outre condamné en dix livres d'Amende envers le Roy, & aux deux ſols pour livre de ladite ſomme, pour ladite entrepriſe ; & ſera au ſurplus tenu de ſe clorre de nouveaux Foſſez & de ſe borner, entre celui réüni *Brianſon.*

& ſadite Maſure, ainſi qu'il ſera ci-après preſcrit, par nôtre Réglement genéral.

Rabault.

Que ledit Jean Rabault retirera la Haïe de ſa Maſure, de deſſus le Foſſé de ladite Foreſt, & qu'il ſera tenu de ſe clorre entre icelle & ſadite Maſure, de nouveaux Foſſez, & de ſe borner, ainſi qu'il ſera ci-après preſcrit, par nôtre Réglement genéral ; & l'avons en outre condamné en dix livres d'Amende envers le Roy, & aux deux ſols pour livre de ladite ſomme, tant pour l'entrepriſe dudit Foſſé réüni, que pour les Arbres excrûs ſur icelui faits étêter par ledit Rabault.

Jean.

Que ledit Jacques Jean ſera tenu de retirer la Haïe de ſa Maſure, de deſſus le Foſſé de ladite Foreſt, & de ſe clorre & borner, entre icelui & ſadite Maſure, de nouveaux Foſſez, ainſi qu'il ſera ci-après preſcrit, par nôtre Réglement genéral ; & avons en outre condamné ledit Jacques Jean, en dix livres d'Amende envers le Roy, & aux deux ſols pour livre de ladite ſomme, tant pour l'entrepriſe dudit Foſſé réüni, que pour les Arbres excrûs ſur icelui faits étêter par ledit Jacques Jean.

Bernardines.

Que leſdites Religieuſes Bernardines du Neufchâtel ſeront tenuës de ſe clorre de Foſſez & de ſe borner, entre ladite Foreſt & leurs Heritages, ainſi qu'il ſera ci-après preſcrit, par nôtre Réglement genéral.

Tous les ci-deſſus nommez, Riverains de ladite Foreſt d'Hellet, Garde de S. Antoine, dite Coûtumiere.

Boqueteau du Mont-Ricard.

Hedoux.

QUE ladite Veuve Hedoux,

Ledoux.

Charles Ledoux,

Relig. de la Miſericorde.

Leſdites Religieuſes de la Miſericorde du Neufchâtel,

Duhamel.

Le nommé Duhamel,

De Nauville.

Ledit Sieur de Neuville,

Carpentier.

Ledit Guillaume Carpentier,

Margues.

Ledit Sieur Margues,

Ladite Veuve Hedoux,
Ledit Sieur de la Coudre,
Lefdits Jacques & Loüis Saillot,
Ledit Sieur Mouchard, Procureur du Roy en l'Election du Neufchâtel,
Ledit François Foulon,
Ledit Sieur Levaché de Valaloû,
Le nommé Ango,
Et ledit Sieur Mouchard feront tenus, chacun en droit foi, de fe clorre de Foffez & de fe borner, entre ladite Foreft & leurs Heritages, ainfi qu'il fera ci-après prefcrit, par nôtre Réglement general.

Avons déclaré un Larris non reclamé, & étant proche des Heritages dudit Sieur Mouchard, faire partie du Terrain dudit Mont-Ricard ; & en conféquence, ordonnons que les Riverains dudit Larris, feront tenus de fe clorre de Foffez & de fe borner, entre icelui & leurs Heritages, ainfi qu'il fera ci-après prefcrit, par nôtre Réglement general.

Que ledit Sieur Delamotte fera pareillement tenu de fe clorre de Foffez & borner, entre fes Heritages & ledit Boqueteau du Mont-Ricard, ainfi qu'il fera ci-après prefcrit, par nôtre Réglement general.

Tous les ci-deffus nommez, Riverains de ladite Foreft d'Hellet, Triage du Mont-Ricard.

Garde ou Haïe de Mortemer.

Que ledit Sieur Pontrevé,
Ledit Jean Duverrey,
Ledit Charles Couvreur,
Ledit Charles Levaffeur,
Ledit Sieur Pontrevé,
Ledit Charles Coret,
Ledit Sieur Pontrevé,

**Vieuxbourg
& Turgot.**

Et leſdits Sieurs Marquis de Vieuxbourg & Préſident Turgot feront tenus, chacun en droit foi, de fe clorre de Foſſez
& borner, entre leurs Heritages & ladite Foreſt, ainſi qu'il
fera ci-après prefcrit, par nôtre Réglement general.

**Monſure de
Pormort.**

Avons déclaré les Arbres de liſiere mentionnez en nôtre
dit Procès verbal de Viſite, étans fur la crête des Foſſez, le long
des Heritages dudit Sieur Monſure de Pormort, faire partie de
la Foreſt, & réünis à icelle; en conféquence, lui faiſons défenſes
d'en faire aucune coupe ni abatis, fous lès peines au cas apartenant; & au furplus ordonnons qu'il fera tenu de fe clórre
de Foſſez & borner, entre fes Heritages & ladite Foreſt, ainſi
qu'il fera ci-après prefcrit, par nôtre Réglement general.

Briquehais.

Que les Heritiers dudit Pierre Briquehais feront tenus de
fe clorre de Foſſez & borner, entre leurs Heritages & ladite
Foreſt, ainſi qu'il fera ci-après prefcrit, par nôtre Réglement
general.

Paſſé.

Faute par ledit Charles-François Paſſé de juſtifier de Titres
primordiaux de la propriété des dix Acres de terre & Liſiere
de Bois, portées au Contrat de Fiéfe, du 22. Février 1721. les
avons déclarées, ainſi que les Arbres fruitiers étans deſſus,
réünies au corps de ladite Foreſt, & en faire partie : Condamnons ledit Paſſé en trois cens foixante livres d'Amende envers le Roy, & aux deux fols pour livre de ladite fomme, par
forme de reſtitution des joüiſſances dudit Terrain réüni, depuis ledit Contrat de Fiéfe; fauf le recours dudit Paſſé contre
Etienne Noël, pour les fommes qu'il auroit pû recevoir dudit
Paſſé, pour les arrérages de ladite Rente de Fiéfe; & fauf encore le recours deſdits Paſſé & Noël, contre le Sieur Ducaule
leur Vendeur & Fiéfeur : Et à l'égard du Bâtiment conſtruit
par ledit Paſſé, fur ledit Terrain réüni, Ordonnons qu'il fera
inceſſamment démoli, & les materiaux en provenans confiſquez & vendus au profit de Sa Majeſté; & feront au furplus les
Propriétaires Riverains dudit Terrain réüni, tenus de fe clorre
de Foſſez & borner, entre icelui & leurs Heritages, ainſi qu'il

fera ci-après prefcrit , par nôtre Réglement général.

Que les nommez Ducaftel , Betfort , Bloquet & autres Propriétaires des Terres en friche proche de celles dudit Charles-
François Paffé , feront tenus de fe clorre de Foffez & borner ,
entre leurfdits Heritages & ladite Foreft , ainfi qu'il fera ci-
après prefcrit , par nôtre Réglement général.

Que ledit Jacques le Roux & ladite Dame d'Auvillers feront tenus,chacun en droit foi , de fe clorre de Foffez & borner , entre ladite Foreft & leurs Heritages , ainfi qu'il fera ci-
après prefcrit , par nôtre Réglement général.

Que ledit Nicolas Chevalier fera tenu de fe clorre de Foffez & borner , entre ladite Foreft & fes Heritages , ainfi qu'il
fera ci-après prefcrit , par nôtre Réglement général ; & néanmoins l'avons condamné en cinquante livres d'Amende envers le Roy , en outre les deux fols pour livre de ladite fomme , pour l'Arbre de lifiere tombé & par lui enlevé , fuivant
ce qui eft porté en nôtredit Procès verbal de Vifite ; & enjoint audit Chevalier , de relever le Foffé , à l'endroit où étoit
ledit Arbre.

Avons reçû lefdits Adminiftrateurs de l'Hôtel-Dieu du
Neufchâtel , opofans à l'exécution de nôtre Ordonnance du
19. Mai dernier ; & faifant droit fur leur opofition , avons
déclaré les Arbres mentionnez en nôtredit Procès verbal de
Vifite , étans en dehors du Foffé , faire partie de ladite Foreft ,
& réünis à icelle ; ordonnons au furplus que lefdits Adminiftrateurs feront tenus de fe clorre de Foffez & borner , entre
lefdits Arbres & les Terres dudit Hôtel-Dieu , ainfi qu'il fera
ci-après prefcrit , par nôtre Réglement général.

Que ledit Adrien Davranches ,
Ledit Nicolas Caftillon ,
Ledit Claude Caftillon ,
Ledit Laurent Horcholle ,
Ledit François Chevalier ,
Ledit François Levaffeur ,

Foreft d'Hel-
let.

Ducaftel ,
Betfort ,
Bloquet , &c.

Le Roux.
D'Auvillers.

Chevalier.

Hôtel-Dieu
du Neufchâ-
tel.

Davranches.
Caftillon.
Caftillon.
Horcholle.
Chevalier.
Levaffeur.

Ledit Charles Chevalier,

Ledit Jacques Chevalier,

Ledit Pierre Chevalier,

Ladite Dame d'Auvillers,

Ledit Adrien Chevalier,

Et le Curé d'Auvillers feront, chacun en droit foi, tenus de fe clorre de Foffez & borner, ainfi qu'il fera ci-après prefcrit, par nôtre Réglement genéral.

Ledit Hôtel-Dieu du Neufchâtel précédemment jugé à ce fujet.

Que ledit Claude Caftillon, ledit Jacques Chevalier, ledit Nicolas Caftillon, ledit Jacques Dubofc, ledit Sieur Pontrevé, ledit Pierre Duverrey, ladite Dame d'Auvillers, & lefdits Sieurs Marquis de Vieuxbourg & Préfident Turgot feront tenus, chacun en droit foi, de fe clorre de Foffez & borner, entre leurs Heritages & ladite Foreft, ainfi qu'il fera ci-après prefcrit, par nôtre Réglement genéral.

Tous les ci-deffus nommez, Riverains de ladite Foreft d'Hellet, Garde ou Haïe de Mortemer.

FOREST D'EAUY.

GARDE DE BELLENCOMBRE,

Triage du Val-Saint-Martin.

QUE ledit Nicolas Bouffard fera tenu de fe clorre de foffez, entre fes Héritages & ladite Foreft, & de fe borner, ainfi qu'il fera ci-après prefcrit, par nôtre Réglement genéral.

Faifant droit fur les premier & fecond Articles de nôtredit Procès verbal de Vifite de ladite Foreft, concernant ledit Sieur de Beuville ; avons ordonné qu'il fera tenu de fe clorre de foffez, entre ladite Foreft & fes Terres, fuivant l'alignement qui lui en fera donné, & que les Arbres qui fe trouveront fur la crête des foffez, font déclarez faire partie de ladite

ladite Foreſt : En ce qui concerne le terrain planté d'entes ,
étant près le Champ-Paturel, & reclamé par ledit Sieur de Beuville & le nommé Bouffard, icelui réüni en l'état qu'il eſt ,
& déclaré faire partie de ladite Foreſt ; ledit Sieur de Beuville
condamné en cent livres d'Amende & reſtitution envers le
Roy , & aux deux ſols pour livre de ladite ſomme ; les Arbres
étans ſur la crête du foſſé , du côté de la Maſure dudit Bouffard , déclarez pareillement faire partie de ladite Foreſt ; défenſes à lui d'en faire couper aucuns , ſous les peines portées
par l'Ordonnance des Eaux & Forêts de 1669. qu'il ſera fait
un foſſé aux frais dudit Sieur de Beuville , à prendre du coin
de la Maſure dudit Bouffard , juſqu'à ladite Foreſt , ſuivant
l'alignement qui lui en ſera donné ; que ceux faits faire par
ledit Sieur de Beuville autour dudit terrain & entre la Foreſt
& icelui , ſeront comblez à ſes frais ; & pour le regard des délits par lui faits & mentionnez en nôtredit Procès verbal de
Viſite , ſera fait droit ſur iceux , lors du Jugement du Procès
extraordinairement inſtruit devant Nous , contre lui & les
autres Oficiers de ladite Maîtriſe : Avons en outre ordonné
que les Arbres étans ſur la crête des foſſez , le long dudit
Champ-Paturel , ſont réünis & déclarez faire partie de ladite
Foreſt ; défenſes faites audit Sieur de Beuville, d'y faire aucunes coupe ni abatis ; enjoint à lui de faire fermer les ouvertu-
res & barrieres donnant de ſes Héritages ſur ladite Foreſt ,
de faire arracher la Haïe vive étant vis-à-vis ſa Maiſon , & de
faire faire auſdits endroits des foſſez, de la largeur & profondeur
portées par ladite Ordonnance , ſuivant l'alignement qui lui
en ſera donné ; & pour les délits par lui faits ſur leſdits foſſez ,
& mentionnez en nôtredit Procès verbal de Viſite , diféré à y
faire droit lors du Jugement dudit Procès criminel : ledit
Sieur de Beuville maintenu en la propriété du fonds étant
enſuite dudit Champ-Paturel ; enjoint à lui de rétablir le foſſé,
aux termes de ladite Ordonnance , & ſuivant l'alignement
qui lui en ſera donné ; & pour le regard des délits par lui faits

M

ſur ledit foſſé, & mentionnez en nôtredit Procès verbal de
Viſite, ſera pareillement fait droit ſur iceux, lors du Jugement
dudit Procès extraordinairement inſtruit ; ledit Sieur de Beuville maintenu en la propriété du Camp-d'Arondel ; ſe clorra de
foſſez, ſuivant l'alignement qui lui en ſera donné ; les Arbres
étans ſur la crête d'iceux, déclarez faire partie de ladite Foreſt :
Et en ce qui concerne la Terre reclamée par ledit Sieur de
Beuville, à droit de réünion à ſon Fief, avons ordonné qu'il
lui en ſera délivré juſqu'à la concurrence de trois Vergées,
ſuivant l'Exploit du 13. Mai 1619. à prendre du côté & ſur
les penchans de Bellencombre, le ſurplus réüni & déclaré
faire partie de ladite Foreſt ; enjoint audit Sieur de Beuville
de ſe clorre de foſſez, ſuivant l'alignement qui lui en ſera donné ; & icelui maintenu en la propriété de la Piece de terre,
commençant à la Paſſée-aux-Vaches, & s'étendant dans la
Plaine de la Heuze ; enjoint à lui de ſe clorre de foſſez, ſuivant l'alignement qui lui en ſera donné ; les Arbres qui ſe trouveront ſur la crête deſdits foſſez, déclarez faire partie de ladite
Foreſt ; & ſeront lors dudit alignement les Arbres de Liziére
& de l'eſſence de ladite Foreſt, remis & renfermez dans icelle ; & quant au Bois étant au bout deſdites Terres, & reclamé par ledit Sieur de Beuville, icelui réüni à ladite Foreſt,
& déclaré en faire partie ; ſera tenu de ſe clorre de foſſez, entre ledit Bois & ſes Terres, de la largeur & profondeur portées par ladite Ordonnance, & ſuivant l'alignement qui lui
en ſera donné : ſera le nouveau foſſé fait faire par ledit Sieur
de Beuville, entre ledit Bois réüni & ladite Foreſt, comblé à
ſes frais ; & pour les délits par lui faits ſur le fonds dudit Bois,
& mentionnez en nôtredit Procès verbal de viſite, renvoïé
pour y être fait droit, lors du Jugement dudit Procès extraordinairement inſtruit ; & ſur le ſurplus des Articles de nôtredit
Procès verbal de Viſite, ledit Sieur de Beuville ſe clorra de
foſſez, ſuivant les alignemens qui lui en ſeront donnez, &
fournira au ſurplus les quantitez de Bornes néceſſaires au bor-

nage, ainſi qu'il ſera preſcrit, par nôtre Réglement genéral.

Ledit Nicolas Bouffard,　　　　　　　　　　　Bouffard.

Ledit Sieur de Beuville,　　　　　　　　　　　Beuville.

Ledit Nicolas Bouffard,　　　　　　　　　　　Bouffard.

Ledit Sieur de Beuville,　　　　　　　　　　　Beuville.

Ledit Nicolas Bouffard,　　　　　　　　　　　Bouffard.

Et ledit Sieur de Beuville précédemment jugez à ce ſujet.　　Beuville.

Avons déclaré les Foſſez & Arbres étans deſſus, le long des　De S. Oüen.
Terres de la Heuze, apartenantes audit Sieur de S. Oüen
d'Arnemont, réünis à ladite Foreſt, & en faire partie : Faiſons
défenſes audit Sieur d'Arnemont, de faire aucunes coupe ni
abatis d'iceux : Ordonnons qu'il ſera tenu de ſe clorre de foſſez & de ſe borner, entre ladite Foreſt, leſdits Arbres & Héritages, ainſi qu'il ſera preſcrit ci-après, par nôtre Réglement
genéral; & avons au ſurplus maintenu ledit Sieur d'Arnemont en la propriété du Petit Canton de Bois par lui reclamé,
proche le Camp - Paturel, de la propriété duquel il a juſtifié.

Que ledit Antoine Dujardin,　　　　　　　　Dujardin.

Ledit Sieur de S. Oüen d Arnemont,　　　　　De S. Oüen.

Ledit Guillaume Pinchon,　　　　　　　　　Pinchon.

Ledit Guillaume Baudoüin,　　　　　　　　　Baudoüin.

Ladite Veuve Pierre Goſſe,　　　　　　　　　Goſſe.

Et ledit Sieur de Saint - Oüen d'Arnemont feront tenus de　De S. Oüen.
ſe clorre de foſſez & de ſe borner, entre leurs Héritages &
ladite Foreſt, ainſi qu'il ſera ci-après preſcrit, par nôtre Réglement genéral.

Ledit Sieur de Beuville précédemment jugé à ce ſujet.　　Beuville.

Que ledit Pierre Bezuel,　　　　　　　　　　Bezuel.

Et le Prieur de S. Martin ſous Bellencombre feront tenus　Prieur de S.
de ſe clorre de foſſez & de ſe borner, entre leurs Héritages　Martin.
& ladite Foreſt, ainſi qu'il ſera ci-après preſcrit, par nôtre
Réglement genéral.

Avons réüni à ladite Foreſt l'Angle du foſſé d'icelle, en-　Loüis.

M ij

trepris & uſurpé par ledit Pierre Loüis ; & en conſéquence, ordonné que ledit foſſé ſera redreſſé, ſuivant l'alignement qui en
ſera donné : condamnons au ſurplus ledit Pierre Loüis, repreſentant Guillaume, en cinquante livres d'Amende, en outre les
deux ſols pour livre de ladite ſomme, tant pour ladite entrepriſe, que pour les Arbres par lui abatus ſur ledit foſſé ; &
ordonnons qu'il ſera tenu de ſe clorre de foſſez & de ſe borner, entre ladite Foreſt & ſes autres Héritages, ainſi qu'il ſera
ci-après preſcrit, par nôtre Réglement general.

**Lhomme-
dieu.**

Que ledit Pierre Lhommedieu,

Bécachel.

Ledit Richard Bécachel,

Bezuel.

Et ledit Pierre Bezuel ſeront tenus, chacun en droit de ſoi,
de ſe clorre de foſſez & de ſe borner, entre leurs Héritages
& ladite Foreſt, ainſi qu'il ſera ci-après preſcrit, par nôtre
Réglement general.

**Curé de S.
Martin.**

Avons déclaré le Petit Canton de Bois joignant ladite Foreſt, & dans lequel eſt une Borne mentionnée en nôtredit
Procès verbal de Viſite de ladite Foreſt, réüni à icelle, &
en faire partie, faute par ledit Sieur Curé de S. Martin, de
juſtifier de Titres de propriété dudit Petit Canton de Bois :
Ordonnons au ſurplus que ladite Borne ſera arrachée, retirée,
& la place d'icelle remplie ; & qu'il ſera en outre tenu de
ſe clorre de foſſez & de ſe borner, entre ſes Héritages & ladite
Foreſt, ainſi qu'il ſera ci-après preſcrit, par nôtre Réglement
general.

De Beuville.

Ledit Sieur de Beuville précédemment jugé à ce ſujet.

Tous les ci-deſſus nommez, Riverains de ladite Foreſt
d'Eaüy, Garde de Bellencombre, Triage du Val-S. Martin.

Triage de la Grande-Volée.

DeRicarville.

AVONS déclaré les Arbres plantez ſur la douve, & du
côté des Terres dudit Sieur de Ricarville, joignant ladite Foreſt, Garde de Bellencombre, Triage de la Grande-Volée,

& Garde de Pommeréval, Triage des Moreaux, mentionnez en nôtredit Procès verbal de Viſite, réünis à ladite Foreſt
& en faire partie : Ordonnons que ledit Sieur de Ricarville
ſera tenu de ſe clorre de foſſez, entre ſeſdites Terres & leſdits Arbres, du côté deſquels la crête deſdits foſſez ſera jettée ;
& que les deux Bornes plantées dans ladite Foreſt, la premié-
re à l'Angle de ſéparation dudit Triage de la Grande-Volée, de la Garde de Pommeréval, & la ſeconde, proche la
Maſure dudit Sieur de Ricarville, feront arrachées & ôtées ;
& faute par ledit Sieur de Ricarville, de juſtifier de Titres
de propriété des Larris & Terres labourées au-deſſous dudit
Larris par lui prétendu, Garde de S. Martin, Triage du Chemin-courſier, leſdites Terres & Larris ſont & demeureront
réünis au corps de ladite Foreſt, & en feront ſéparez par
des foſſez, qui feront pris ſur les Héritages riverains deſdites
Terres & Larris réünis : Avons en outre condamné ledit Sieur
de Ricarville, en cent livres d'Amende envers le Roy, en outre les deux ſols pour livre de ladite ſomme, par forme de
reſtitution de vingt-neuf années de joüiſſance deſdites Terres & Larris réünis : Ordonnons au ſurplus que ledit Sieur
de Ricarville ſera tenu de ſe clorre de foſſez, entre ladite
Foreſt & ſes autres Terres & Héritages, ſuivant l'alignement
qui lui en ſera donné, & de fournir la quantité de Bornes
néceſſaire au bornage, ainſi qu'il ſera preſcrit, par nôtre Réglement genéral.

Que ledit Jean Langlois,
Ledit Pierre Martel,
Ledit François Duvivier,
Ledit Guillaume Dumeſnil,
Ledit Pierre Poignie,
Ledit Jean le Monnier,
Leſdits Héritiers François Levaſſeur,
Et ledit Jean Mahieu feront tenus, chacun en droit ſoi, de
ſe clorre de Foſſez & de ſe borner, entre ladite Foreſt & leurs

Héritages , ainſi qu'il ſera ci-après preſcrit, par nôtre Régle-ment général.

Tous les ci - deſſus nommez , Riverains de ladite Foreſt d'Eaüy , Garde de Bellencombre, Triage de la Grande-Volée.

Triage de la Côte-aux-Heſtreaux.

Doutreleau.	LEDIT Jacques Doutreleau,
Bigot.	Ladite Veuve Bigot ,
Letellier.	Ladite Veuve Letellier ,
Boulanger.	Ledit Vincent Boulanger ,
Doutreleau.	Ledit Jacques Doutreleau ,
Tierce.	Ledit Pierre Tierce ,
Bigot.	Ledit Pierre Bigot ,
Bigot.	Ledit Nicolas Bigot ,
Savary.	Ladite Veuve Jacques Savary ,
Bigot.	Ledit Charles Bigot ,
Cardon.	Ledit Pierre Cardon ,
Bigot.	Ledit Jean Bigot ,
Anquetil.	Leſdits Repreſentans Robert Anquetil ,
Levieux.	

Et ladite Veuve Jacques Levieux jugez ci-après , ſous le nom du Sieur Préſident de la Londe , qui a pris leur fait & cauſe ; & néanmoins ordonné que tous les ci-deſſus nommez feront tenus, chacun en droit ſoi , de ſe clorre de foſſez , qui feront pris ſur leurs anciennes Maſures ou Héritages , le long du grand Chemin & terrain réüni , & déclaré faire par-tie d'icelui , ſuivant l'alignement qui leur en ſera donné.

Tous les ci-deſſus nommez, Riverains de ladite Foreſt d'Eaüy, Garde de Bellencombre , Triage de la Côte-aux-Heſtreaux.

Triage de la Heuze.

Le Normand.	QUE le Sieur Chriſtophe le Normand ſera tenu de ſe clorre de foſſez & de ſe borner , entre ladite Foreſt & ſes Héritages , ainſi qu'il ſera ci-après preſcrit , par nôtre Régle-ment général.

Ledit Sieur de S. Oüen d'Arnemont précédemment jugé
à ce ſujet.

Que ledit Sieur Curé des Authieux ſera tenu de ſe clorre
de Foſſez & de ſe borner, entre ladite Foreſt & ſes Héritages,
ainſi qu'il ſera ci-après preſcrit, par nôtre Réglement genéral.

Ledit Sieur de Saint-Oüen d'Arnemont précédemment
jugé à ce ſujet.

Que ledit Thomas Matroüillet ſera tenu de ſe clorre de
foſſez & de ſe borner, entre ladite Foreſt & ſes Héritages,
ainſi qu'il ſera ci-après preſcrit, par nôtre Réglement genéral.

Avons déclaré le Larris reclamé par ledit François Lapoterie, mentionné en nôtredit Procès verbal de Viſite, faire
partie de ladite Foreſt, & réüni à icelle : Ordonnons au ſurplus, qu'il ſera tenu de ſe clorre de foſſez & borner, entre
ledit Larris réüni & ſes autres Terres & Héritages, ainſi qu'il
ſera ci-après preſcrit, par nôtre Réglement genéral.

Que ladite Demoiſelle Veuve Chandelier,
Ladite Veuve Lebreton,
Ladite Demoiſelle Veuve Chandelier,
Ledit Thomas Matroüillet,
Ledit Roch Hauville,
Ledit Sieur Curé des Authieux,
Ledit Treſor des Authieux,
Ledit Michel Hauville,
Ladite Veuve Daveſne,

Et ladite Demoiſelle Veuve Chandelier ſeront tenus,
chacun en droit ſoi, de ſe clorre de foſſez & borner, ainſi
qu'il ſera ci-après preſcrit, par nôtre Réglement genéral.

Avons reçû ledit Sieur Sezanne-Dubuſc opoſant à nôtre
Ordonnance par défaut, du 18. Mars dernier ; aïant aucu-
nement égard à ſa Requête d'opoſition, lui avons acordé
Acte de la déclaration contenuë en icelle, de ce qu'il ne
reclame le Larris mentionné en nôtredit Procès verbal de
Viſite, prétendu par ledit Sieur Dubuſc, Garde de Bellen-

combre ; & en conféquence , l'avons déclaré faire partie de ladite Foreſt d'Eaüy , & réüni à icelle : Avons maintenu ledit Dubuſc en la propriété & poſſeſſion de ſes autres Héritages , étans aux rives de ladite Foreſt ; à la charge de ſe clorre de foſſez entre iceux & ladite Foreſt, ſuivant l'alignement qui lui en ſera donné , & de fournir en outre la quantité de Bornes néceſſaire au bornage, ainſi qu'il ſera preſcrit, par nôtre Réglement general ; & au ſurplus, ſera nôtredite Ordonnance du 18. Mars dernier , exécutée ſuivant ſa forme & teneur ; & en conféquence, ſans avoir égard à la permiſſion de coupe produite par ledit Sieur Dubuſc, l'avons condamné en ſeize cens cinquante livres d'Amende , pareille ſomme de reſtitution , & aux deux ſols pour livre deſdites deux ſommes, pour les trente-trois Arbres de Liziére abatus ſur la crête du foſſé de ladite Foreſt, & mentionnez , tant en nôtredit Procès verbal de Viſite , qu'en celui de 1719. déchargeant néanmoins ledit Sieur Dubuſc , de la condamnation de ſix cens livres d'Amende , & deux ſols pour livre de ladite ſomme , portée en nôtredite Ordonnance du 18. Mars dernier.

Beuville.	Ledit Sieur de Beuville precédemment jugé à ce ſujet.
Chandelier.	Que ladite Demoiſelle Veuve Chandelier ,
Lebreton.	Ladite Veuve Lebreton ,
Chandelier.	Ladite Demoiſelle Veuve Chandelier ,
Cailletot.	Ledit Pierre Cailletot ,
Chandelier.	Ladite Demoiſelle Veuve Chandelier ,
Le Curé de la Heuze.	Et ledit Sieur Curé de la Heuze ſeront tenus chacun en droit ſoi, de ſe clorre de foſſez & de ſe borner, entre leurs Héritages & ladite Foreſt, ainſi qu'il ſera ci-après preſcrit, par nôtre Réglement general.
De S. Oüen.	Ledit Sieur de S. Oüen d'Arnemont précédemment jugé à ce ſujet.
Cardon.	Que ledit Guillaume Cardon détruira le Hangard par lui nouvellement fait conſtruire ſur le terrain de ladite Foreſt ;

qu'il

qu'il ſera tenu de redreſſer & remettre le foſſé de ſéparation d'icelle, ſur le terrain de ſa Maſure, ſuivant l'alignement qui lui en ſera donné : Avons en outre condamné ledit Cardon, en cinquante livres d'Amende envers le Roy, & aux deux ſols pour livre de ladite ſomme, tant pour ledit terrain par lui entrepris, que pour avoir étêté les recrûs étans ſur le foſſé, & pour avoir pouſſé ſa haïe ſur ladite Foreſt : Ordonnons au ſurplus qu'il ſera tenu de fournir la quantité de Bornes néceſ-ſaire au bornage, ainſi qu'il ſera preſcrit par nôtre Réglement general.

Que ledit Duvivier ſera tenu de ſe clorre de Foſſez, entre ladite Foreſt & ſes Heritages, ſuivant l'alignement qui lui en ſera donné, & de fournir la quantité de Bornes néceſſaire au bornage, ainſi qu'il ſera ordonné, par nôtre Réglement ge-néral : Et pour par ledit Duvivier avoir étêté à hauteur de ſa Haïe, pluſieurs petits Hêtres le long de ſa Maſure, l'avons condamné en cinquante livres d'Amende envers le Roy, en outre les deux ſols pour livre de ladite ſomme ; défenſes à lui faites de récidiver, ſous plus grande peine. *Duvivier.*

Que ledit François Lemonnier, *Lemonnier.*

Et ledit Guillaume Langlois feront tenus de ſe clorre de Foſ-ſez & de ſe borner, entre ladite Foreſt & leurs Heritages, ainſi qu'il ſera ci-après preſcrit, par nôtre Réglement general. *Langlois.*

Tous les ci-deſſus nommez, Riverains de ladite Foreſt d'Eaüy, Garde de Bellencombre, Triage de la Heuze.

Triage des Hautes-Aveines.

Qᴜᴇ ledit François Cailletot, *Cailletot.*
Ledit Nicolas Sahurs, *Sahurs.*
Ledit Jacques Prevoſt, *Prevoſt.*
Et ledit Robert Duvivier feront tenus, chacun en droit ſoi, de ſe clorre de Foſſez & ſe borner, entre ladite Foreſt & leurs Heritages, ainſi qu'il ſera ci-après preſcrit, par nôtre Réglement general. *Duvivier.*

N

De S. Oüen.   Ledit Sieur de Saint-Oüen d'Arnemont précédemment jugé à ce ſujet.

Duvivier.   Ledit Guillaume Duvivier précédemment jugé à ce ſujet.

De S. Oüen.   Ledit Sieur de Saint-Oüen d'Arnemont précédemment jugé à ce ſujet.

  Tous les ci-deſſus nommez, Riverains de ladite Foreſt d'Eaüy, Garde de Bellencombre, Triage des Hautes-Aveines.

Triage du Camp-Cuſſon.

Maurice.   QUE ledit Charles Maurice ſera tenu de ſe clorre de Foſſez & ſe borner, entre ladite Foreſt & ſes Heritages, ainſi qu'il ſera ci-après preſcrit, par nôtre Réglement general.

Lefévre.   Que ladite Demoiſelle Lefévre ſera tenuë de ſe clorre de Foſſez & de ſe borner, entre ladite Foreſt & ſes Heritages, ainſi qu'il ſera ci-après preſcrit, par nôtre Réglement general; & en ſorte néanmoins que l'Arbre de liſiere étant hors ladite Foreſt, Triage du Val-Saint-Etienne, y ſoit renfermé.

De la Ferté.   Avons reçû ledit Sieur de la Ferté opoſant à nôtre Ordonnance du 16. Février dernier; faiſant droit ſur ſon opoſition, avons déclaré les Foſſez & Arbres ſur iceux étans entre les Taillis & Heritages dudit Sieur de la Ferté & ladite Foreſt, réünis à icelle & en faire partie; défenſes à lui faites de faire aucunes coupe ni entrepriſe ſur iceux, ſous les peines au cas apartenant; & ſera au ſurplus tenu de ſe clorre de Foſſez & ſe borner, entre ladite Foreſt & ſes Taillis & Heritages, ainſi qu'il ſera ci-après preſcrit, par nôtre Réglement general.

Matroüillet.   Que ledit Thomas Matroüillet ſera tenu de ſe clorre de Foſſez & ſe borner, entre ladite Foreſt & ſes Heritages, ainſi qu'il ſera ci-après preſcrit, par nôtre Réglement general.

De Brinon.   Que ledit Sieur de Brinon & ſes Fiéfataires ſeront tenus, chacun en droit ſoi, de ſe clorre de Foſſez & ſe borner, entre ladite Foreſt & leurs Terres & Heritages, ainſi qu'il ſera ci-après preſcrit, par nôtre Réglement general; & en ſorte néan-

moins que les Arbres de liſiere de ladite Foreſt, qui ſe trouveront hors les veſtiges des Foſſez étans le long deſdits Heritages, ſoient renfermez dans ladite Foreſt, dont Nous les déclarons faire partie.

Ledit Sieur de Saint-Oüen d'Arnemont précédemment   De S. Oüen.
jugé à ce ſujet.

Que ledit Sieur Chriſtophe le Normand ſera tenu de ſe clor-   Le Normand.
re de Foſſez & ſe borner, entre ladite Foreſt & ſes Heritages,
ainſi qu'il ſera preſcrit, par nôtre Réglement genéral.

Tous les ci-deſſus nommez, Riverains de ladite Foreſt-
d'Eaüy, Garde de Bellencombre, Triage du Camp-Cuſſon.

GARDE DE SAINT SAENS,
Triage du Val-Saint-Etienne.

QUE ledit Charles Maurice ſera tenu de ſe clorre de Foſ-   Maurice.
ſez & ſe borner, entre ladite Foreſt & ſes Heritages, ainſi qu'il
ſera ci-après preſcrit, par nôtre Réglement genéral.

Ladité Demoiſelle Lefévre précédemment jugée à ce ſujet.   Lefévre.

Ledit François Lapoterie précédemment jugé à ce ſujet.   Lapoterie.

Ledit Sieur de Brinon, ainſi que   De Brinon.

Ledit Gabriel Moriſſet,   Moriſſet.

Ledit Nicolas Maurice,   Maurice.

Ladite Veuve Lefévre,   Lefévre.

Ledit Jacques Braſſeur,   Braſſeur.

Ledit Antoine Leclerc,   Leclerc.

Et ledit Etienne Damet, ſes Fiéfataires, précédemment ju-   Damet.
gez à ce ſujet, ſous le nom dudit Sieur de Brinon.

Avons déclaré les Arbres étans ſur les Foſſez de ladite Fo-   Varengues.
reſt d'Eaüy, le long des Heritages dudit François Varengues,
réünis à icelle & en faire partie ; en conſequence, lui faiſons
défenſes d'en faire aucunes coupe ni abatis : Ordonnons au
ſurplus qu'il ſera tenu de ſe clorre de Foſſez & ſe borner, entre
leſdits Arbres réünis & ſes Heritages, ainſi qu'il ſera ci-après

preſcrit, par nôtre Réglement genéral ; & ſera en outre tenu de retirer les Bornes qui ſe trouveront plantées ſur le fonds de ladite Foreſt.

Levaſſeur. Que ledit Jacques Levaſſeur ſera tenu de ſe clorre de Foſſez & ſe borner, ainſi qu'il ſera ci-après preſcrit, par nôtre Réglement genéral.

Tous les ci-deſſus nommez, Riverains de ladite Foreſt d'Eaüy, Garde de S. Saëns, Triage du Val-S. Etienne..

Triage du Lihut.

Hely. AVONS acordé Acte au Sieur de Stopa, de ce qu'il prend le fait & cauſe dudit Sieur Hely ; ce faiſant, & en ce qui concerne leſdits Sieurs Hely & de Stopa, au ſujet de l'entrepriſe ſur le Terrain de ladite Foreſt, proche la Maſure de la Verrerie du Lihut, ſur lequel ont été conſtruits les cinq Bâtimens mentionnez en nôtredit Procès verbal de Viſite de ladite Foreſt ; avons réüni au corps d'icelle ledit Terrain entrepris, lequel ſera ſéparé de celui de ladite Verrerie, par un Foſſé, qui ſera fait aux frais & dépens deſdits Sieurs Hely & de Stopa, ſuivant l'alignement qui leur en ſera donné : Ordonnons que leſdits cinq Bâtimens conſtruits ſur ledit Terrain réüni, ſeront démolis, & les materiaux en provenans confiſquez & vendus au profit de Sa Majeſté ; condamnons leſdits Sieurs Hely & de Stopa, en quinze livres d'Amende envers le Roy, & aux deux ſols pour livre de ladite ſomme, par forme de reſtitution des joüiſſances dudit Terrain réüni. En ce qui concerne les trois Clos entrepris ſur le grand Chemin de S. Saëns aux Ventes, & mentionnez en nôtredit Procez verbal de Viſite, les avons déclarez faire partie dudit grand Chemin ; en conſéquence, ordonnons qu'ils ſeront inceſſamment détruits, les Haïes de clôture d'iceux retirées, pour laiſſer audit grand Chemin toute ſon étenduë : condamnons ledit Sieur de Stopa en dix livres d'Amende envers le Roy, & aux deux

ſols pour livre de ladite ſomme, pour l'entrepriſe de deux
deſdits Clos; & ledit Sieur Hely, en cinq livres d'Amende
envers le Roy, & aux deux ſols pour livre de ladite ſomme,
pour l'entrepriſe faite depuis peu, du troiſiéme deſdits Clos:
Et ſur le ſurplus des Concluſions dudit Procureur Général,
concernant un petit Canton de Bois proche la Marre-Mouline,
& la prétenduë entrepriſe ſur ladite Foreſt, par les murs du
Jardin de ladite Verrerie, & vû la Permiſſion de tirer du Sable dans la Foreſt, pour l'uſage de ladite Verrerie, avons mis
les Parties hors de Cour; & au ſurplus maintenu ledit Sieur
Hely, en la poſſeſſion & joüiſſance des Terres & Maſures de
ladite Verrerie, ſuivant ſes Titres; & ordonné qu'il ſera tenu
de ſe clorre de foſſez, entre ladite Foreſt & ſes Heritages, ſuivant l'alignement qui lui en ſera donné, & de fournir en outre
la quantité de Bornes néceſſaire au bornage, ainſi qu'il ſera
ci-après preſcrit, par nôtre Réglement genéral. Et en ce qui
concerne les cinq cens vingt-un Arbres Hêtres & Chênes
coupez ſur les Foſſez, le long deſdites Terres du Lihut, avons
pareillement acordé Acte audit Sieur de Stopa, de ce qu'il
prend le fait & cauſe deſdits Sieurs de la Motte, pour raiſon
de l'Action contr'eux intentée par ledit Procureur Genéral, au
ſujet de l'abatis deſdits Arbres; & y faiſant droit, avons déclaré les Foſſez étans entre la Foreſt & leſdites Terres du Lihut,
réünis à icelle & en faire partie; & en conſéquence, pour
l'abatis fait deſdits Arbres ſur iceux, condamnons ledit Sieur
de Stopa en dix mille livres d'Amende & reſtitution envers
le Roy, & en outre les deux ſols pour livre de ladite ſomme:
Faiſons défenſes audit Sieur de Stopa, & à tous autres qu'il
apartiendra, de faire aucunes coupe ni abatis ſur leſdits Foſſez,
ſous les peines au cas apartenant; & au ſurplus leſdits Sieurs
de la Motte déchargez de l'Action contr'eux intentée, au ſujet de l'abatis deſdits Arbres.

Triage de la Houſſaye.

Levaſſeur. QUE ledit Jacques Levaſſeur ſera tenu de ſe clorre de foſſez & ſe borner, entre ladite Foreſt & ſes Heritages, ainſi qu'il ſera ci-après preſcrit, par nôtre Réglement general.

Larris au Roy. Que les Larris étans enſuite des Heritages dudit Jacques Le-vaſſeur, & qui tombent ſur le Chemin de Rozay à S. Saëns, ſeront ſéparez des Chemins & Heritages y joignans, par foſſez qui ſeront faits, aux frais & dépens des Propriétaires deſdits Heritages, ſuivant l'alignement qui leur en ſera don-né, & leſquels ſeront en outre tenus de fournir la quantité de Bornes néceſſaire au bornage, ainſi qu'il ſera ci-après preſcrit, par nôtre Réglement general.

Du Belloy. Que la Maſure en queſtion ſera meſurée par l'Arpenteur de la Réformation, à la diligence du Procureur Général d'i-celle ; & que délivrance ſera faite à ladite Veuve du Belloy de trois Vergées de terre, pour la contenence de ladite Ma-ſure, qu'elle a juſtifiée telle par ſes Titres ; leſdites trois Ver-gées à prendre de la Ruë des Forges au Chemin de Rozay, & en remontant vers les Larris de la Foreſt : Avons déclaré le ſurplus deſdites trois Vergées, réüni à ladite Foreſt & en faire partie, enſemble les Bâtimens qui pouront ſe trouver conſtruits ſur les Larris réünis, pour être démolis, & les materiaux d'iceux vendus au profit du Roy ; & pour l'uſur-pation faite par ladite Veuve du Belloy, la condamnons en cent cinquante livres d'Amende, en outre les deux ſols pour livre de ladite ſomme ; & ordonnons qu'elle ſera tenuë de ſe clorre de foſſez, entre leſdites trois Vergées de Maſure & ledit Terrain réüni, ſuivant l'alignement qui lui en ſera don-né, & de fournir la quantité de Bornes néceſſaire au borna-ge, ainſi qu'il ſera preſcrit, par nôtre Réglement general.

Poupinet. Avons déclaré le Larris mentionné en l'Article de nôtre-dit Procès verbal de Viſite, concernant ledit Poupinet, réüni à ladite Foreſt d'Eaüy, & en faire partie ; & en conſéquen-

cé, ordonné que ledit Poupinet fera tenu de fe clorre de foffez
& fe borner, entre ledit Larris réüni, fa Terre en labeur & Clos,
ainfi qu'il fera ci-après prefcrit, par nôtre Réglement general.

Que ledit François Lefueur fera tenu de fe clorre de foffez   Lefueur.
& fe borner, entre ladite Foreft & fes Heritages, ainfi qu'il
fera ci-après prefcrit, par nôtre Réglement general.

Que ladite Veuve Jacques Bunon,   Bunon.

Ladite Veuve de Guillaume Deshays,   Deshays.

Ladite Veuve André Paris,   Paris.

Ledit Charles Saucier,   Saucier.

Ledit Pierre Tillard,   Tillard.

Ledit Pierre Delaunay,   Delaunay.

Ledit François Varengues,   Varengues.

Ladite Veuve de François Deshays,   Deshays.

Ladite Veuve de Guillaume Deshays,   Deshays.

Et ledit François Duprey feront tenus, chacun en droit   Duprey.
foi, de fe clorre de foffez & fe borner, entre leurs Heritages &
ladite Foreft, ainfi qu'il fera ci-après prefcrit, par nôtre Réglement general.

Avons déclaré tous les Arbres étans le long de la Foreft   Brument.
d'Eaüy, Garde de S. Saëns, Triage de la Houflaye, enfemble le petit Canton de gros Hêtres, mentionnez en nôtredit Procès verbal de Vifite, proche du grand Chemin de Saint-
Saëns, & reclamez par ledit Georges Brument, réünis à ladite Foreft & en faire partie : Ordonnons que les Foffez ré-
cemment faits fur les Larris, pour favorifer ladite entreprife,
feront inceffamment comblez, à fes frais & dépens ; l'avons
en outre condamné en vingt livres d'Amende envers le Roy,
& aux deux fols pour livre de ladite fomme, pour raifon de
ladite entreprife ; lui faifons défenfes d'en faire de pareille
à l'avenir, ni aucune coupe defdits Arbres réünis, fous les
peines au cas apartenant ; & fera au furplus tenu de fe clorre
de nouveaux foffez, fuivant l'alignement qui lui en fera donné, & de fournir la quantité de Bornes néceffaire au bornage,

ainſi qu'il ſera preſcrit par nôtre Réglement genéral.

Ledit Sieur Hely précédemment jugé à ce ſujet.

Tous les ci-deſſus nommez , Riverains de ladite Foreſt d'Eaüy , Garde de S. Saëns , Triage de la Houſſaye.

Triage de la Salendriere.

Hely.

LEDIT Sieur Hely précédemment jugé à ce ſujet.

De Montval.

Que ledit Sieur de Montval ſera tenu de ſe clorre de foſſez & de ſe borner , entre ladite Foreſt & ſes Heritages, ainſi qu'il ſera ci-après preſcrit , par nôtre Réglement genéral.

Varengues.

Avons déclaré les Arbres étans ſur le foſſé de ladite Foreſt, le long des Terres dudit Sieur Charles-Bonaventure Varengues, Garde de S. Saëns , Triage de la Salendriere, réünis au corps de la Foreſt d'Eaüy, & en faire partie ; en conféquence, ordonnons que ledit Sieur Varengues ſera tenu de ſe clorre de foſſez & de ſe borner , entre leſdits Arbres & ſes Terres & Heritages, ainſi qu'il ſera ci-après preſcrit , par nôtre Réglement genéral : ſera en outre tenu ledit Sieur Varengues , de retirer les Bornes étant ſur le Terrain de ladite Foreſt , le long de ſeſdits Heritages; & l'avons au ſurplus maintenu en poſſeſſion & joüiſſance du Paſſage à lui acordé , par l'Ordonnance du Sieur de Maſcarany , du 23. Novembre 1677. parce que néanmoins il ſera tenu de clorre ledit Paſſage par une Barriere.

Abaïe de S. Saëns.

Avons déclaré les Foſſez étans entre ladite Foreſt & les Terres deſdites Dames Abeſſe & Religieuſes de S. Saëns, faire partie de ladite Foreſt ; en conféquence, condamnons leſdites Dames en quatorze cens quatre-vingt-onze livres cinq ſols d'Amende envers le Roy , pareille ſomme de reſtitution , en outre les deux ſols pour livre deſdites deux ſommes, pour les Arbres par elles faits abatre ſur leſdits foſſez, & mentionnez tant en nôtredit Procès verbal de Viſite , qu'en celui fait en 1719. par les Sieurs Commiſſaires de la Réformation : Leur avons acordé Acte de la déclaration portée en leurdite Requête,

de

de ce qu'elles n'ont afermé à leur Fermier, les cinq Vergées
de Terre par lui labourées, deſquelles elles n'ont joüi, & auſ-
quelles elles ne prétendent rien ; & en conſéquence, déclarons leſdites cinq Vergées de Terre, ſituées en la Garde des
Nappes, Triage de la Laye-Madame, réünies à ladite Foreſt
& en faire partie : ordonnons qu'elles ſeront ſéparées des
Terres & Heritages voiſins, par des foſſez, ſuivant l'alignement qui en ſera donné ; condamnons en outre leſdites Dames, en vingt livres d'Amende envers le Roy, & aux deux ſols
pour livre de ladite ſomme, pour la reſtitution des joüiſſances du Terrain en queſtion ; ſauf leur recours contre le Fermier qui a fait ladite entrepriſe ; & au ſurplus, ſeront tenuës
leſdites Dames de ſe clorre de foſſez, entre ladite Foreſt &
leurs autres Terres, ſuivant l'alignement qui en ſera donné,
& de fournir la quantité de Bornes néceſſaire au bornage,
ainſi qu'il ſera preſcrit, par nôtre Réglement genéral.

Ledit Sieur Charles-Bonaventure Varengues précédem- *Varengues.*
ment jugé à ce ſujet.

Leſdites Dames Abeſſe & Religieuſes de S. Saëns précé- *Abaïe de S.*
demment jugées à ce ſujet.   *Saëns.*

Ledit Sieur Hely précédemment jugé à ce ſujet.   *Hely.*

Tous les ci-deſſus nommez, Riverains de ladite Foreſt
d'Eaüy, Garde de S. Saëns, Triage de la Salendriere.

GARDE DE MAUCOMBLE,
Triage du Teurtre.

Que ledit Jacques Leduc,   *Leduc.*
Et ledit Sieur Dufour ſeront tenus de ſe clorre de foſſez *Dufour.*
& ſe borner, entre ladite Foreſt & leurs Heritages, ainſi qu'il
ſera ci-après preſcrit, par nôtre Réglement genéral.

Tous les ci-deſſus nommez, Riverains de ladite Foreſt
d'Eaüy, Garde de Maucomble, Triage du Teurtre.

Triage de la Haye.

Leblond.	Qu e ledit Laurent Leblond,
Paris.	Ledit Jean Paris,
Guillebert.	Et ledit Pierre Guillebert feront tenus, chacun en droit foi,

de fe clorre de foffez & fe borner, entre ladite Foreft & leurs Héritages, ainfi qu'il fera ci-après prefcrit, par nôtre Réglement genéral.

Abaïe de S. Saëns.	Lefdites Dames Abeffe & Religieufes de S. Saëns précédemment jugées à ce fujet.
Levaffeur.	Que ledit Sieur Levaffeur,
Quelot.	Ledit Adrien Quelot,
Bezuel.	Ledit Sieur Bezuel,
Turbot.	Ledit Michel Turbot,
Turbot.	Ledit Jean Turbot,
Leblanc.	Ledit Jean Leblanc,
Lamourette.	Ladite Veuve Jean Lamourette,
Leblanc.	Et ledit Jean Leblanc feront tenus, chacun en droit foi,

de fe clorre de foffez & fe borner, entre ladite Foreft & leurs Héritages, ainfi qu'il fera ci-après prefcrit, par nôtre Réglement genéral.

Tous les ci-deffus nommez, Riverains de ladite Foreft d'Eaüy, Garde de Maucomble, Triage de la Haye.

Triage de l'Effart de Maucomble.

Leblanc.	Qu e ledit Jean Leblanc,
Caron.	Ledit Jean Caron,
Havet.	Ledit Guillaume Havet,
Leclerc.	Ledit Jean Leclerc,
Confedieu.	Lefdits Héritiers Confedieu,
Aubry.	Ledit François Aubry,

Ledit Antoine Loyſel,

Ledit Jean Bachelot,

Et ledit Adrien le Grand ſeront tenus, chacun en droit ſoi, de ſe clorre de Foſſez & ſe borner, entre ladite Foreſt & leurs Héritages, ainſi qu'il ſera ci-après preſcrit, par nôtre Réglement genéral.

Avons déclaré les foſſez ſur leſquels les Arbres mentionnez, tant en nôtredit Procès verbal de Viſite, qu'en celui de 1719. ont été abatus par ledit Sieur de Maucomble, réünis à ladite Foreſt d'Eaüy & en faire partie; en conſéquence, condamnons ledit Sieur de Maucomble en cinq cens livres d'Amende envers le Roy, & aux deux ſols pour livre de ladite ſomme, pour ladite entrepriſe & abatis, faits ſur leſdits foſſez réünis, des Arbres en queſtion; & défenſes à lui faites, de faire à l'avenir aucune coupe de Bois ſur iceux; & ſera au ſurplus, ledit Sieur de Maucomble tenu de ſe clorre de foſſez, entre ladite Foreſt & ſes Terres, ſuivant l'alignement qui lui en ſera donné, de retirer les Bornes qui ſe trouvent placées le long de ſes Héritages, ſur le terrain de la Foreſt, & de fournir celles qui ſeront jugées néceſſaires au bornage, ainſi qu'il ſera preſcrit, par nôtre Réglement genéral.

Que ledit Charles Bachelot ſera tenu de ſe clorre de foſſez & ſe borner, entre ladite Foreſt & ſes Héritages, ainſi qu'il ſera ci-après preſcrit, par nôtre Réglement genéral.

Faute par ledit Jean Dilard de juſtifier de la propriété des Arbres étans proche ſa Maſure & par lui reclamez, les avons déclarez faire partie de la Foreſt; & au ſurplus, ordonné qu'il ſera tenu de ſe clorre & ſe borner, entre leſdits Arbres & ſes Héritages, ainſi qu'il ſera ci-après preſcrit, par nôtre Réglement genéral.

Ledit Charles Bachelot précédemment jugé à ce ſujet.

Ledit Sieur de Maucomble précédemment jugé à ce ſujet.

Avons reçû leſdits Habitans de Maucomble opoſans à nôtre Ordonnance, du 24. Mars dernier; faiſant droit ſur leur opoſition, leur avons acordé Acte de ce qu'ils ne reclament point les Communes mentionnées en nôtre Procès verbal de Viſite de la Foreſt d'Eaüy, Garde de Maucomble, Triage de l'Eſſart de Maucomble ; & à ce moïen, avons déclaré leſdites Communes faire partie de ladite Foreſt, & réünies à icelle, & ordonné qu'elles ſeront ſéparées des Héritages y joignans, par foſſez qui ſeront faits aux frais & dépens des Propriétaires deſdits Héritages, ſuivant l'alignement qui leur en ſera donné, & leſquels ſeront en outre tenus de fournir la quantité de Bornes néceſſaire au bornage, ainſi qu'il ſera preſcrit, par nôtre Réglement general : Et avons au ſurplus déchargé leſdits Habitans, des condamnations contr'eux prononcées par nôtredite Ordonnance du 24. Mars dernier.

Pinchon.	Que ledit Pierre Pinchon,
Deleſque.	Ledit Jean Deleſque,
Marüitte.	Ledit Charles Marüitte,
Labé.	Ledit Pierre Labé,
Deleſque.	Et ledit Jean Deleſque ſeront tenus, chacun en droit ſoi, de ſe clorre de foſſez & ſe borner, entre ladite Foreſt & leurs Héritages, ainſi qu'il ſera ci-après preſcrit, par nôtre Réglement general.
Maucomble.	Ledit Sieur de Maucomble précédemment jugé à ce ſujet.

Tous les ci-deſſus nommez, Riverains de ladite Foreſt d'Eaüy, Garde de Maucomble, Triage de l'Eſſart de Maucomble.

Triage du Camp-Souverain.

Varengues.	LEDIT Sieur Charles-Bonaventure Varengues précédemment jugé à ce ſujet.
De Grainville.	Avons condamné ladite Dame de Grainville, à raporter au profit du Roy, la ſomme de ſept cens cinquante livres qu'elle a reçûë, pour les Bois par elle vendus, ſuivant le marché du 12. Juillet 1712. & en outre, à la ſomme de deux

cens cinquante livres , & deux ſols pour livre d'icelle , pour le tiers de ſept cens cinquante livres d'Amende envers le Roy , de laquelle les Juges qui ont acordé la permiſſion d'a-batre leſdits Bois , ſont déclarez ſuſceptibles , pour les deux autres tiers , à laquelle fin Mandement contr'eux acordé au Procureur Genéral de la Réformation : Faiſons défenſes au ſurplus à ladite Dame , de faire aucunes coupe ni entrepriſe ſur les Foſſez en queſtion , que Nous avons déclarez faire par-tie de ladite Foreſt ; & en conſéquence , ordonnons que ladite Dame de Grainville ſera tenuë de ſe clorre de foſſez , entre ladite Foreſt & ſes Terres , leſquels feront pris ſur le terrain de ladite Dame , & la crête d'iceux faite du côté de ladite Foreſt ; ſera encore tenuë ladite Dame , de faire com-bler les anciens foſſez pris ſur le terrain du Roy , le tout ſuivant l'alignement qui lui en ſera donné , & de fournir la quantité de Bornes néceſſaire au bornage , ainſi qu'il ſera preſ-crit , par nôtre Réglement genéral.

Leſdites Dames Abeſſe & Religieuſes de S. Saëns précé-demment jugées à ce ſujet.   *Abaïe de S. Saëns.*

Ledit Sieur Charles-Bonaventure Varengues précédem.ment jugé à ce ſujet.   *Varengues.*

Tous les ci-deſſus nommez , Riverains de ladite Foreſt d'Eaüy , Garde de Maucomble , Triage du Camp-Souverain.

Triage du Puits-Merveilleux.

LESDITES Dames Abeſſe & Religieuſes de S. Saëns pré-cédemment jugées à ce ſujet.   *Abaïe de S. Saëns.*

GARDE DE BULLY,
Triage de la Marre-aux-Saules.

LEDIT Sieur de Maucomble précédemment jugé à ce ſujet.   *Maucomble. Terrier.*
Que ledit Loüis Terrier ,

Mouchard.

Et ledit Vincent Mouchard feront tenus de ſe clorre de foſſez & ſe borner, entre ladite Foreſt & leurs Heritages, ainſi
qu'il ſera ci-après preſcrit, par nôtre Réglement general.

De Bully.

Avons déclaré les Arbres étans le long du grand Chemin
de Dieppe à Paris, ſur le foſſé du côté de la Foreſt, en faire partie & réünis à icelle ; & faute par ledit Sieur Marquis
de Bully, de juſtifier de Titres de propriété, du Clos par lui
prétendu, joignant par enhachement ladite Foreſt, & mentionné en nôtredit Procès verbal de Viſite, avons pareillement réüni ledit Clos à ladite Foreſt, & confiſqué au profit de Sa
Majeſté, les Arbres fruitiers plantez ſur le chemin de Bully
à Martincamp ; en conſéquence, ordonnons que les foſſez étans
entre ledit Clos & ladite Foreſt, feront comblez aux frais
dudit Sieur de Bully, & les Bornes arrachées & retirées : Condamnons en outre ledit Sieur de Bully, en trois cens livres
d'Amende envers le Roy, par forme de reſtitution de vingt-
neuf années de joüiſſance dudit terrain réüni, & aux deux
ſols pour livre de ladite ſomme ; & au ſurplus, ſera tenu ledit Sieur de Bully de ſe clorre de foſſez, entre ladite Foreſt & ſes autres Héritages, ſuivant l'alignement qui lui en
ſera donné, & de fournir la quantité de Bornes néceſſaire au
bornage, ainſi qu'il ſera preſcrit, par nôtre Réglement général

Tous les ci-deſſus nommez, Riverains de ladite Foreſt
d'Eaüy, Garde de Bully, Triage de la Marre-aux-Saules.

Triage du Four-des-Vaux.

Heluy.

QUE ledit Pierre Heluy,

Huré.

Et ledit Loüis Huré feront tenus de ſe clorre de foſſez & ſe
borner, entre ladite Foreſt & leurs Héritages, ainſi qu'il ſera
ci-après preſcrit, par nôtre Réglement general.

Delamare.

Avons déclaré les foſſez & Arbres étans ſur iceux, entre la
Maſure & Clos dudit Adrien Delamare & ladite Foreſt, faire

partie d'icelle ; en conféquence , ordonnons que lefdits foffez feront remplis , & qu'il en fera fait de nouveaux , fuivant l'alignement qui en fera donné ; & que les Reprefentans dudit Delamare , feront tenus de fournir la quantité de Bornes néceffaire au bornage , ainfi qu'il fera ci-après prefcrit , par nôtre Réglement general.

Que lefdits Sieurs Dumefnil feront tenus de fe clorre de *Dumefnil.* foffez & fe borner, entre ladite Foreft & leurs Héritages, ainfi qu'il fera ci-après prefcrit , par nôtre Réglement general.

Vû ce qui réfulte , tant de nôtredit Procès verbal de Vifite , *Religieufes* que de celui fait en 1719. au fujet des Arbres faits abatre fur *Urfulines,* les foffez de ladite Foreft , par lefdites Dames Urfulines de Roüen , avons déclaré lefdits foffez réünis à ladite Foreft & en faire partie ; & en conféquence, condamné lefdites Dames en neuf cens quinze livres d'Amende envers le Roy , pareille fomme de reftitution , en outre les deux fols pour livre defdites fommes , pour lefdits Arbres abatus à leur profit : Ordonnons au furplus que lefdites Dames feront tenuës de faire combler à leurs frais, lefdits foffez entrepris, & d'en faire faire de nouveaux , entre ladite Foreft & leurs Terres , fuivant l'alignement qui leur en fera donné , & de fournir la quantité de Bornes néceffaire au bornage , ainfi qu'il fera prefcrit , par nôtre Réglement general.

Lefdites Dames Abeffe & Religieufes de S. Saëns précé- *Abaïe de S.* demment jugées à ce fujet. *Saëns.*

Tous les ci-deffus nommez , Riverains de ladite Foreft d'Eaüy , Garde de Bully , Triage du Four-des-Vaux.

Triage de la Queüe-Guébert.

LESDITES Dames Religieufes Urfulines de Roüen pré- *Religieufes* cédemment jugées à ce fujet. *Urfulines.*

Avons déclaré les Arbres étans fur les foffez d'entre ladite *Foulon.* Foreft & les Héritages dudit Jean Foulon , faire partie d'icelle

& réünis au corps de ladite Foreſt ; faiſons défenſes audit Foulon, de faire aucunes coupe ni abatis d'iceux, ſous les peines au
cas apartenant ; ordonnons qu'il ſera tenu de ſe clorre de
nouveaux foſſez , qui ſeront pris ſur ſon terrain , ſuivant
l'alignement qui lui en ſera donné , & de combler les anciens, faits ſur le fonds de ladite Foreſt , & de fournir en outre la quantité de Bornes néceſſaire au bornage, ainſi qu'il
ſera preſcrit , par nôtre Réglement genéral.

Cœur-de-Roy.
Dumeſnil.
Cœur-de-Roy.
Prieur de S. Martin.

Que ledit Jean Cœur-de-Roy,

Leſdits Sieurs Dumeſnil,

Ledit Jean Cœur-de-Roy,

Et ledit Sieur Prieur de S. Martin ſeront tenus, chacun en
droit ſoi, de ſe clorre de foſſez & ſe borner, entre ladite Foreſt
& leurs Héritages , ainſi qu'il ſera ci-après preſcrit, par nôtre
Réglement genéral.

Religieuſes Urſulines.

Leſdites Dames Religieuſes Urſulines de Roüen précédemment jugées à ce ſujet.

Cœur-de-Roy.

Avons déclaré les foſſez étans le long des Terres dudit
Vincent Cœur-de-Roy, réünis à ladite Foreſt d'Eaüy & en
faire partie ; en conſéquence, l'avons condamné en cent livres d'Amende envers le Roy , en outre les deux ſols pour
livre de ladite ſomme, pour avoir fait abatre & vendu les
Arbres qui étoient ſur la crête deſdits foſſez,& deſquels Nous
avons reconnu les Souches , par nôtre Procès verbal de Viſite ;
défenſes à lui faites de récidiver, & de couper aucun Bois ni
Arbres ſur leſdits foſſez réünis, ſous les peines au cas apartenant ; & au ſurplus, ſera tenu de ſe clorre, entre ſes Terres &
ladite Foreſt , ſuivant l'alignement qui lui en ſera donné , &
de fournir la quantité de Bornes néceſſaire au bornage , ainſi
qu'il ſera preſcrit, par nôtre Réglement genéral.

Cardon.
De Volconte.

Que ledit Jean Cardon,

Et ledit Sieur de Volconte ſeront tenus de ſe clorre de foſſez
& ſe borner, entre ladite Foreſt & leurs Héritages, ainſi qu'il
ſera ci-après preſcrit, par nôtre Réglement genéral.

Ladite

Ladite Dame de Grainville précédemment jugée à ce ſujet.   Grainville.

Ledit Jean Tillard,   Tillard.

Ledit Robert Duvivier,   Duvivier.

Ledit Pierre Feutry,   Feutry.

Ledit Jean Tillard,   Tillard.

Ledit Nicolas Tillard,   Tillard.

Ledit Pierre Canu,   Canu.

Ledit Jean Feutry,   Feutry.

Ledit Nicolas Tillard, dit Cordier,   Tillard.

Ledit Pierre Gaillon,   Gaillon.

Ledit Nicolas Mabile,   Mabile.

Ledit Etienne Marais,   Marais.

Ledit François Jourdain,   Jourdain.

Ledit Nicolas Mabile,   Mabile.

Ledit Nicolas Tillard, dit Cordier,   Tillard.

Et ledit Jean Turbot, ci-après jugez à ce ſujet, ſous le   Turbot.
nom dudit Sieur Préſident de la Londe, y recours.

Tous les ci-deſſus nommez, Riverains de ladite Foreſt d'Eaüy, Garde de Bully, Triage de la Queuë-Guébert.

GARDE DE POMMERE'VAL,

Triage des Moreaux.

LEDIT Sieur de Ricarville précédemment jugé à ce ſujet.   DeRicarville.

Que ledit François Varengues,   Varengues.

Ladite Veuve François Croquenoix,   Croquenoix.

Ledit Adrien Varin,   Varin.

Et ledit Charles Lefévre ſeront tenus, chacun en droit   Lefevre.
foi, de ſe clorre de foſſez, entre ladite Foreſt & leurs Héritages, ainſi qu'il ſera ci-après preſcrit, par nôtre Réglement genéral.

Avons déclaré le Terrain prétendu fiéfé, & anticipé ſur la Fo-   Delaunay.
reſt d'Eaüy, le long des Maſures deſdits Antoine Delaunay,

P

Goſſe.
Yvelin.

Thomas Goſſé & Pierre Yvelin , réüni à ladite Foreſt & en faire partie ; en conſéquence , ordonnons qu'ils ſeront tenus , chacun en droit ſoi , de retirer la Haïe de leurs Maſures , de deſſus ledit Terrain réüni , & de ſe clorre de foſſez & ſe borner , entre icelui & leurſdites Maſures , ainſi qu'il ſera ci-après preſcrit , par nôtre Réglement genéral.

Mahieu.
Que ledit Pierre Mahieu ,

Pommeréval.
Ledit Sieur de Pommeréval ,

Laignel.
Ledit Antoine Laignel ,

Lefévre.
Ledit Nicolas le Févre ,

De Fry.
Ledit Sieur de Fry ,

S. Oüen.
Ledit Etienne S. Oüen ,

Laignel.
Ledit Antoine Laignel ,

Boulocher.
Ladite Veuve Pierre Boulocher ,

Petit.
Et ledit Jean Petit ſeront tenus , chacun en droit ſoi , de ſe clorre de foſſez & ſe borner , entre ladite Foreſt & leurs Héritages , ainſi qu'il ſera ci-après preſcrit , par nôtre Réglement genéral.

Tous les ci-deſſus nommez , Riverains de ladite Foreſt d'Eaüy , Garde de Pommeréval , Triage des Moreaux.

Triage du Val-Roux.

Laignel.
Que ledit Antoine Laignel ,

Bigot.
Ledit Jean Bigot ,

Treſor de Pommeréval.
Et ledit Treſor de Pommeréval ſeront tenus , chacun en droit ſoi , de ſe clorre de foſſez & ſe borner , entre ladite Foreſt & leurs Héritages , ainſi qu'il ſera ci-après preſcrit , par nôtre Réglement genéral.

Pommeréval.
Avons reçû ladite Demoiſelle de Pommeréval opoſante à nôtre Ordonnance du ſ. Mars dernier ; faiſant droit ſur ſon opoſition , & y aïant aucunement égard , avons déclaré la pointe de Terrain plantée de Hêtres & Chênes , & mentionnée en nôtredit Procès verbal de Viſite de ladite Foreſt , faire partie d'icelle ; & avons déchargé ladite Demoiſelle de Pom-

meréval, des condamnations contr'elle prononcées, par nôtredite Ordonnance renduë par defaut ; & au ſurplus ordonnons que ladite Demoiſelle de Pommeréval ſera tenuë de ſe
clorre de foſſez & ſe borner, entre ledit Terrain réüni, ſes
autres Terres & Heritages & ladite Foreſt, ainſi qu'il ſera ci-
après preſcrit, par nôtre Réglement general.

Que ledit François de Saint-Aubin,   *S. Aubin.*

Et ladite Veuve Deſmarets feront tenus de ſe clorre de *Deſmarets.*
foſſez & ſe borner, entre ladite Foreſt & leurs Heritages, ainſi
qu'il ſera ci-après preſcrit, par nôtre Réglement general.

Ladite Demoiſelle de Pommeréval précédemment jugée *Pommeréval.*
à ce ſujet.

Que ledit Jacques Prevoſt ſera tenu de ſe clorre de foſſez, *Prevoſt.*
entre ladite Foreſt & ſes Heritages , & de ſe borner, ainſi
qu'il ſera ci-après preſcrit, par nôtre Réglement general.

Ladite Demoiſelle de Pommeréval précédemment jugée *Pommeréval.*
à ce ſujet.

Que ledit Jacques Prevoſt ſera tenu de ſe clorre de foſſez & *Prevoſt.*
ſe borner, entre ladite Foreſt & ſes Heritages, ainſi qu'il ſera
ci-après preſcrit, par nôtre Réglement general.

Ladite Demoiſelle de Pommeréval précédemment jugée *Pommeréval.*
à ce ſujet.

Que ledit Jacques Prevoſt ſera tenu de ſe clorre de foſſez *Prevoſt.*
& ſe borner, entre ladite Foreſt & ſes Heritages , ainſi qu'il
ſera ci-après preſcrit, par nôtre Réglement general.

Que ledit Antoine Laignel,   *Laignel.*

Ledit Sieur de Volconte,   *De Volconte.*

Ledit Jacques Prevoſt,   *Prevoſt.*

Et ledit Sieur de Volconte feront tenus, chacun en droit *De Volconte.*
ſoi, de ſe clorre de foſſez & ſe borner, entre ladite Foreſt &
leurs Heritages, ainſi qu'il ſera ci-après preſcrit, par nôtre Réglement general.

Tous les ci-deſſus nommez , Riverains de ladite Foreſt
d'Eaüy, Garde de Pommeréval, Triage du Val-Roux.

Triage du Val-des-Grez.

Marais.	Ledit François Marais,
Roussel.	Ledit Loüis Roussel,
Auvray.	Ledit Pierre Auvray,
Morin.	Ledit Guillaume Morin,
Tillard.	Et ledit Nicolas Tillard dit Cordier, ci-après jugez à ce sujet, sous le nom dudit Sieur Président de la Londe, y recours.

Tous les ci-dessus nommez, Riverains de ladite Forest d'Eaüy, Garde de Pommeréval, Triage du Val-des-Grez.

Triage du grand-Chemin de Bures.

Pommeréval. QUE ledit Sieur de Pommeréval sera tenu de se clorre de fossez & se borner, entre ladite Forest & ses Heritages, ainsi qu'il sera ci-après prescrit, par nôtre Réglement général.

Bis. Que ledit Pierre Bis est maintenu en la propriété & possession de l'Acre & demie de terre, mentionnée en nôtre Ordonnance renduë contre lui par defaut, le premier Juillet 1734. parce que néanmoins il sera tenu de se clorre de fossez & se borner, entre ladite Piece de terre & la Forest, ainsi qu'il sera ci-après prescrit, par nôtre Réglement général ; & l'avons au surplus déchargé de l'Amende contre lui prononcée, par nôtredite Ordonnance par defaut.

Pommeréval. Que ledit Sieur de Pommeréval,

Bigot. Et ledit Jean Bigot seront tenus de se clorre de fossez & se borner, entre ladite Forest & leurs Heritages, ainsi qu'il sera ci-après prescrit, par nôtre Réglement général.

Prevost. Avons ordonné que sans avoir égard à la reclamation faite par ledit Jacques Prevost, de la Lisière mentionnée en nôtredit Procès verbal de Visite, ladite Lisiere demeurera réünie au corps de ladite Forest, dont Nous la déclarons faire partie ; & à ce moïen, défenses faites audit Prevost de rien entreprendre ſur icelle, ſous les peines au cas apartenant ; ſera tenu au ſurplus, de ſe clorre de foſſez & ſe borner, entre ladite Liſiere & ſes Terres, ainſi qu'il ſera ci-après preſcrit, par nôtre Réglement genéral.

Que ledit Sieur de Pommeréval,   *Pommeréval.*

Leſdites Religieuſes de Sainte Marie du ſecond Monaſtére de Roüen,   *Religieuſes de Sainte Marie.*

Ledit Jacques Grébauval,   *Grébauval.*

Ledit Charles Goſſe,   *Goſſe.*

Ledit Jacques Joly,   *Joly.*

Leſdites Dames Religieuſes de Sainte Marie de Roüen,   *Religieuſes de Sainte Marie.*

Et ledit Sieur Joly Chapelain de Follenpriſe, ſeront tenus, *Joly.* chacun en droit ſoi, de ſe clorre de foſſez & ſe borner, entre ladite Foreſt & leurs Heritages, ainſi qu'il ſera ci-après preſcrit, par nôtre Réglement genéral.

Que le petit Canton, ſur lequel ſont les Hêtres mention- *Landa.* nez en nôtredit Procès verbal de Viſite de ladite Foreſt, être ſéparez d'icelle par un foſſé rentrant & anticipé, ſera renfermé dans ladite Foreſt par un nouveau foſſé, & celui ſubſiſtant en cette partie comblé, aux frais & dépens des Heritiers de Nicolas Landa ; leſquels Nous avons en outre condamnez en ſix livres d'Amende, & aux deux ſols pour livre de ladite ſomme, pour ladite entrepriſe ; avec défenſes d'abatre aucun deſdits Arbres réünis, ſous les peines au cas apartenant; & feront au ſurplus tenus de ſe clorre de foſſez, entre leurs Terres & ladite Foreſt, ſuivant l'alignement qui leur en ſera donné, & de fournir en outre la quantité de Bornes néceſſaire au bornage, ainſi qu'il ſera preſcrit, par nôtre Réglement genéral.

Que leſdites Dames Religieuſes de Sainte Marie feront *Religieuſes* tenuës de ſe clorre de foſſez & ſe borner, entre ladite Foreſt *de Sainte Marie.* & leurs Heritages, ainſi qu'il ſera ci-après preſcrit, par nôtre Réglement genéral.

Que ledir Sieur Cardinal de Polignac Abé de Bonport, ſera *Abé de* tenu de ſe clorre de foſſez, entre ladite Foreſt d'Eaüy & les *Bonport.*

Terres de ladite Abaïe ; en ſorte que les Arbres de Liſiere de ladite Foreſt, mentionnez en nôtredit Procès verbal, ſe trouver, tant dans le creux que hors les veſtiges de l'ancien foſſé, ſoient renfermez dans ladite Foreſt, par leſdits foſſez de ſéparation, qui ſeront réparez ou faits à neuf, ſuivant l'alignement qui en ſera donné ; & ſera en outre tenu de fournir la quantité de Bornes néceſſaire au bornage, ainſi qu'il ſera preſcrit, par nôtre Réglement genéral.

Tous les ci-deſſus nommez, Riverains de ladite Foreſt d'Eaüy, Garde de Pommeréval, Triage du grand-Chemin de Bures.

GARDE DE SAINT-MARTIN,
Triage du grand-Chemin de Saint-Martin.

Mahieu.	QUE ledit Jean Mahieu,
Levaſſeur.	Leſdits Heritiers de Jean Levaſſeur,
Maſſe.	Leſdits Repreſentans Simon Maſſe,
Morin.	Ledit Jacques Morin,
De la Force.	Ladite DameDucheſſe de la Force,
Bécachel.	Ledit Richard Bécachel,
Prieur de S. Martin.	Et ledit Prieur de S. Martin ſeront tenus, chacun en droit

ſoi, de ſe clorre de foſſez & ſe borner, entre ladite Foreſt & leurs Heritages, ainſi qu'il ſera ci-après preſcrit, par nôtre Réglement genéral.

Cure de S. Martin.
Avons déclaré le petit Canton de Bois joignant ladite Foreſt, & dans lequel eſt une Borne mentionnée en nôtredit Procès verbal de Viſite de ladite Foreſt, réüni à icelle & en faire partie, faute par ledit Sieur Curé de S. Martin de juſtifier de Titres de propriété dudit petit Canton de Bois ; ordonnons au ſurplus, que ladite Borne ſera arrachée, retirée & la place d'icelle remplie : Sera en outre tenu ledit Sieur Curé de ſe clorre de foſſez, entre ledit petit Bois & ſes Terres, ſuivant l'alignement qui lui en ſera donné, & de fournir la quantité de Bornes néceſſaire au bornage, ainſi qu'il ſera ci-après

preſcrit, par nôtre Réglement genéral.

Avons déclaré le Larris joignant les Terres de ladite De- *De Palliere.*
moiſelle de Palliere, réüni à ladite Foreſt d'Eaüy & en faire
partie ; & en conſéquence, ordonnons que ladite Demoiſelle de Palliere ſera tenuë de ſe clorre de foſſez, entre ledit
Larris réüni & ſes Terres, ſuivant l'alignement qui lui en ſera
donné, & de fournir la quantité de Bornes néceſſaire au bornage, ainſi qu'il ſera preſcrit, par nôtre Réglement genéral.

Ladite Demoiſelle Lefévre précédemment jugée à ce ſujet.   *Lefévre.*

Ledit Sieur de Beuville précédemment jugé à ce ſujet.   *De Beuville.*

Tous les ci-deſſus nommez, Riverains de ladite Foreſt
d'Eaüy, Garde de Saint-Martin, Triage du grand-Chemin
de Saint-Martin.

Triage du Fourchet-d'Orival.

QUE ladite Dame Ducheſſe de la Force ſera tenuë de ſe *De la Force.*
clorre de foſſez, entre ladite Foreſt & ſes Heritages, ainſi qu'il
ſera ci-après preſcrit, par nôtre Réglement genéral.

Faute par ledit François Lefévre de juſtifier de Titres de *Lefévre.*
propriété du Larris par lui reclamé, ſuivant nôtredit Procès
verbal de Viſite, Triage du Chemin-Courſier, l'avons déclaré faire partie de ladite Foreſt & réüni à icelle ; au ſurplus
ordonnons que ledit Lefévre ſera tenu de ſe clorre de foſſez,
entre ladite Foreſt & ſes Terres, ſuivant l'alignement qui lui
en ſera donné, & de fournir la quantité de Bornes néceſſaire
au bornage, ainſi qu'il ſera preſcrit, par nôtre Réglement genéral.

Que ledit Nicolas Rouſſel ſera tenu de ſe clorre de foſſez *Rouſſel.*
& ſe borner, entre ladite Foreſt & ſes Heritages, ainſi qu'il
ſera ci-après preſcrit, par nôtre Réglement genéral.

Que nôtre Ordonnance renduë par defaut, le 5. Mars der- *Laurence.*
nier, contre ledit Nicolas Laurence, ſera définitivement exécutée ; ce faiſant, que faute par lui d'avoir produit aucun Ti-

tre de propriété de ſes Terres & Heritages le long de ladite
Foreſt d'Eaüy, icelles ſont & demeureront réünies au corps
de ladite Foreſt, & qu'elles ſeront ſéparées des Heritages joignans, par un foſſé qui ſera fait aux frais & dépens des Propriétaires d'iceux, conformément à l'Ordonnance de 1669.
Avons en outre condamné ledit Nicolas Laurence, en trois
cens livres d'Amende envers le Roy, en outre les deux ſols
pour livre de ladite ſomme, par forme de reſtitution de vingt-
neuf années de joüiſſance deſdites Terres réünies.

De Clére.

Avons reçû ladite Dame Comteſſe de Clére opoſante à nôtredite Ordonnance, renduë contr'elle par defaut, le 25. Février dernier ; faiſant droit ſur ſon opoſition, lui avons acordé Acte de ce qu'aux termes de ſa Requête, elle ne poſſede ni
reclame aucuns Larris aux rives de ladite Foreſt d'Eaüy ; en
conſéquence, avons déclaré tous ceux mentionnez en nôtredit Procès verbal de Viſite apartenir à ladite Dame de Clére,
faire partie de ladite Foreſt & réünis à icelle ; & au ſurplus,
l'avons déchargée des condamnations contr'elle prononcées,
par nôtredite Ordonnance du 25. Février dernier, que Nous
avons déclarée raportée ; & néanmoins ſera tenuë ladite Dame
de Clére de ſe clorre de foſſez, entre ladite Foreſt, Larris d'icelle & ſes Terres & Heritages, ſuivant l'alignement qui lui en
ſera donné, & de fournir en outre la quantité de Bornes néceſſaire au bornage, ainſi qu'il ſera preſcrit, par nôtre Réglement genéral.

Petit.

Que faute par ledit Jean Petit de juſtifier de Titres origi-
naires de propriété des Liſieres, Larris, Boqueteaux & Terres
en queſtion adjacentes à la Foreſt, iceux demeureront réünis
au corps d'icelle ; & que ledit Petit ou autres Propriétaires des
Heritages riverains de ce qui eſt réüni par nôtre preſente Ordonnance, feront tenus de ſe clorre de foſſez, entre leſdites
Liſieres, Larris, Boqueteaux y mentionnez & leurs Heritages, ſuivant l'alignement qui leur en ſera donné, & de fournir la quantité de Bornes néceſſaire au bornage, ainſi qu'il
ſera

fera preſcrit, par nôtre Réglement genéral : Avons en outre condamné ledit Petit en ſix cens livres d'Amende envers le Roy, & aux deux ſols pour livre de ladite ſomme, par forme de reſtitution de vingt-neuf années de joüiſſance dudit Terrain uſurpé ; ſauf ſon recours contre ceux dont il tient leſdites Terres, Liſieres, Larris & Boqueteaux à fiéfe.

Que ledit Sieur Curé d'Orival,   Curé d'Orival

Ledit Charles Rouſſel,   Rouſſel.

Et ledit Sieur Prieur de Saint Martin ſeront tenus, chacun Prieur de S. en droit ſoi, de ſe clorre de foſſez & ſe borner, entre ladite Fo- Martin. reſt & leurs Heritages, ainſi qu'il ſera ci-après preſcrit, par nôtre Réglement genéral.

Tous les ci-deſſus nommez, Riverains de ladite Foreſt d'Eaüy, Garde de S. Martin, Triage du Fourchet-d'Orival.

Triage du Chemin-Courſier.

LEDIT François Lefévre précédemment jugé à ce ſujet. Lefévre.

Que ledit Thomas Delafoſſe,   Delafoſſe.

Et ledit Nicolas Gaillard ſeront tenus, chacun en droit ſoi, Gaillard. de ſe clorre de foſſez & ſe borner, entre ladite Foreſt & leurs Heritages, ainſi qu'il ſera ci-après preſcrit, par nôtre Réglement genéral.

Ladite Dame Comteſſe de Clére précédemment jugée à De Clére. ce ſujet.

Ledit Sieur de Ricarville précédemment jugé à ce ſujet. Ricarville.

Que ledit Sieur d'Imbleval ſera tenu de ſe clorre de foſſez, D'Imbleval. entre ſes Terres & Heritages, Garde de Saint-Martin, Triage du Chemin-Courſier, & ladite Foreſt, à laquelle Nous avons au ſurplus réüni la petite Liſiere & les Larris joignans icelle, Garde de Muchedent, Triage du Val-des-Joncs, & les avons déclarez en faire partie : Condamnons en outre ledit Sieur d'Imbleval en cinquante livres d'Amende envers le Roy, & aux deux ſols pour livre de ladite ſomme, par forme de reſtitution de vingt-neuf années de joüiſſance deſdites Liſiere &

Q

Larris : Ordonnons que le Foſſé mentionné en nôtredit Procès verbal de Viſite, & nouvellement fait, ſur la longueur d'environ ſix vingt pas, ſera comblé, aux frais dudit Sieur d'Imbleval ; lequel ſera pareillement tenu de ſe clorre de foſſez, entre ſes Terres & Heritages audit lieu, & leſdits Larris, ſuivant l'alignement qui lui en ſera donné, & de fournir les Bornes néceſſaires au bornage, ainſi qu'il ſera preſcrit, par nôtre Réglement genéral.

Bodin. Que ledit Sieur Philippes Bodin ſera tenu de ſe clorre de foſſez & ſe borner, entre ladite Foreſt & ſes Heritages, ainſi qu'il ſera ci-après preſcrit, par nôtre Réglement genéral.

Gazot. Avons déclaré la portion de Larris & petit Bois Taillis, reclamez par ledit François Gazot, & mentionnez en nôtredit Procès verbal de Viſite, réünis à ladite Foreſt & en faire partie, faute par ledit Gazot de juſtifier de Titres primordiaux de la propriété d'iceux ; l'avons en outre condamné en trente livres d'Amende envers le Roy, & aux deux ſols pour livre de ladite ſomme, par forme de reſtitution de vingt-neuf années de joüiſſance deſdits Larris & Bois Taillis ; & ordonné au ſurplus, qu'il ſera tenu de ſe clorre de foſſez, ſuivant l'alignement qui lui en ſera donné, & de fournir la quantité de Bornes néceſſaire au bornage, ainſi qu'il ſera preſcrit, par nôtre Réglement genéral.

Gardin. Que ledit Pierre Gardin ſera tenu de ſe clorre de foſſez & ſe borner, entre ladite Foreſt & ſes Heritages, ainſi qu'il ſera ci-après preſcrit, par nôtre Réglement genéral.

DeRicarville. Ledit Sieur de Ricarville précédemment jugé à ce ſujet.

Soüillard. Que ledit Nicolas Soüillard,

Morin. Et ledit Loüis Morin ſeront tenus de ſe clorre de foſſez & ſe borner, entre ladite Foreſt & leurs Heritages, ainſi qu'il ſera ci-après preſcrit, par nôtre Réglement genéral.

DeRicarville. Ledit Sieur de Ricarville précédemment jugé à ce ſujet.

Tous les ci-deſſus nommez, Riverains de ladite Foreſt d'Eaüy, Garde de S. Martin, Triage du Chemin-Courſier.

GARDE DE MUCHEDENT,
Triage du Val-des-Joncs.

QUE ladite Dame Ducheſſe de la Force ſera tenuë de ſe De la Force.
clorre de foſſez & ſe borner, entre ladite Foreſt & ſes Heritages, ainſi qu'il ſera ci-après preſcrit, par nôtre Réglement
general.

Que ledit Sieur de Muchedent ſera tenu de ſe clorre de Muchedent.
foſſez, entre ſes Terres, Bois Taillis, Excroiſſances, Larris
& Heritages, & ladite Foreſt & Larris d'icelle, ſuivant l'alignement qui lui en ſera donné, & de fournir la quantité de Bornes néceſſaire au bornage, ainſi qu'il ſera ci-après preſcrit, par
nôtre Réglement general.

Que ledit Charles Foſſe repreſentant ladite Veuve Baril, Foſſe.
ſera tenu de ſe clorre de foſſez, entre ſes Terres & Heritages
& ladite Foreſt, Triage du Val-des-Joncs; & en outre, de remettre ſur ſes Heritages, le foſſé qu'il ſera tenu de faire entre iceux & ladite Foreſt, Triage de la Marre-du-Four, lequel foſſé ſera pris en droite ligne ſur les Heritages dudit Foſſe,
en deçà du petit Canton de Terrain de ladite Foreſt, par lui entrepris audit Triage de la Marre-du-Four, & mentionné en
nôtredit Procès verbal; que le foſſé y étant ſera comblé, aux
frais dudit Foſſe, lequel Nous avons condamné en quinze livres d'Amende envers le Roy, & aux deux ſols pour livre de ladite ſomme, pour ladite entrepriſe; & au ſurplus, que leſdits foſſez à refaire, ſeront faits ſuivant l'alignement qui lui
en ſera donné; & ſera en outre tenu de fournir la quantité
de Bornes néceſſaire au bornage, ainſi qu'il ſera preſcrit, par
nôtre Réglement general.

Ledit Sieur d'Imbleval précédemment jugé à ce ſujet. D'Imbleval.

Que le foſſé rentrant ſur le Terrain de ladite Foreſt, en- Cure de la
trepris ſur le Larris d'icelle, & mentionné en nôtredit Procès Freſnaye.
verbal de Viſite, ſera comblé; & en conſéquence, avons dé-

Q ij

claré lefdits Larris, Arbres & portion de Bois étans du côté dudit foffé, réünis à ladite Foreft & en faire partie : Ordonnons au furplus, que ledit Sieur Curé de la Frefnaye fera tenu de fe clorre de foffez, entre ladite Foreft, Larris d'icelle, Canton de Bois réünis & fes Terres, fuivant l'alignement qui lui en fera donné, & de fournir la quanti téde Bornes néceffaire au bornage, ainfi qu'il fera prefcrit, par nôtre Réglement genéral.

De Ricarville.   Ledit Sieur de Ricarville précédemment jugé à ce fujet.

Greffot.   Que ledit Jean Greffot,

Morin.   Et ledit Loüis Morin feront tenus de fe clorre de foffez & fe borner, entre ladite Foreft & leurs Heritages, ainfi qu'il fera ci-après prefcrit, par nôtre Réglement genéral.

De Ricarville.   Ledit Sieur de Ricarville précédemment jugé à ce fujet.

Tous les ci-deffus nommez, Riverains de ladite Foreft d'Eaüy, Garde de Muchedent, Triage du Val-des-Joncs.

Triage de la Marre-Dufour.

De la Force.   QUE ladite Dame Ducheffe de la Force fera tenuë de fe clorre de foffez & fe borner, entre ladite Foreft & fes Heritages, ainfi qu'il fera ci-après prefcrit, par nôtre Réglement genéral.

De la Londe.   Avons reçû le Sieur Préfident de la Londe opofant à nôtre Ordonnance du 19. Aouft dernier ; aïant aucunement égard à fa Requête d'opofition & Pieces y jointes, l'avons maintenu en la propriété, poffeffion & joüiffance des Terres, Larris, Excroiffances, Taillis, & autres Heritages qu'il poffede aux rives de ladite Foreft d'Eaüy, fuivant fes Titres & Procès verbal de bornage, du 14. Octobre 1669. & conformément à icelui, ledit Sieur de la Londe fera tenu de fe clorre de foffez, entre ladite Foreft & fes Terres & Heritages, fuivant l'alignement qui lui en fera donné ; même de faire retirer les Bornes qui fe trouveront plantées fur le terrain de ladite Foreft, pour être icelles replacées, ſuivant ledit alignement, ſur la crête deſdits foſſez, & de fournir en outre la quantité de Bornes néceſſaire au bornage, ainſi qu'il ſera preſcrit, par nôtre Réglement general : Avons à cet égard déchargé ledit Sieur de la Londe des condamnations portées en nôtredite Ordonnance, contre lui renduë par defaut : Quant aux Arbres de Liſiere & foſſez prétendus par ledit Sieur de la Londe, le long & entre ladite Foreſt & leſdites Terres & Heritages, avons déclaré leſdits Foſſez & Arbres étans actuellement ſur partie d'iceux, faire partie de ladite Foreſt & réünis à icelle; faiſons défenſes audit Sieur de la Londe, d'y faire à l'avenir aucunes coupe ni entrepriſe, ſous les peines au cas apartenant : Déclarons ceux deſdits Arbres de Liſiere, qui ſe trouveront dans la jatte & ſur les veſtiges des anciens foſſez, faire partie de ladite Foreſt ; & en conſéquence, l'avons condamné pour l'abatis fait faire en la Garde de Muchedent, par le Sieur ſon Aïeul, de deux cens trente-un Arbres de Liſiere, faiſans partie de ceux mentionnez, tant en nôtredit Procès verbal de Viſite, qu'en celui fait par les Sieurs Commiſſaires, en 1719. & par eux faits compter ſur leſdits foſſez, en onze mille cinq cens cinquante livres d'Amende envers le Roy, pareille ſomme de reſtitution, & aux deux ſols pour livre deſdites deux ſommes : Et à l'égard des autres Arbres de Liſiere faits abatre par ledit Sieur Aïeul dudit Sieur de la Londe ; ſçavoir, cent cinquante dans la Garde de Torcy, & cinq cens dans celle des Nappes, ſuivant l'eſtimation portée audit Procès verbal de 1719. à cauſe d'eſſartement & vétuſté des ſouches deſdits Arbres ; avons condamné ledit Sieur de la Londe en vingt mille livres d'Amende envers le Roy, pareille ſomme de reſtitution, en outre les deux ſols pour livre deſdites deux ſommes.

Avons reçû le Procureur General de la Réformation apellant de la Sentence de la Table de Marbre du Palais à Roüen, du 18. Février 1709. faiſant droit ſur ſon apel, avons caſſé & annullé ladite Sentence, & déclaré les Contrats de Fiéfe

Letellier,
Boulanger,
Doutreleau,
Tierce,
Auvray,
Bigot,
Bigot,
Savary,
Bigot,
Cardon,
Bigot,
Anquetil,
Levieux,
Tillard,
Duvivier,
Feutry,
Tillard,
Tillard,
Canu,
Feutry,
Tillard,
Gaillon,
Mabile,
Marais,

faits aux ci-deſſus nommez, du Terrain anticipé ſur le grand Chemin de S. Saëns à Dieppe, & ſur un autre Chemin, le long d'autres Maſures du Hameau de la Capelle ; nuls & de nul éfet : Confiſquons au profit de Sa Majeſté, les Haïes & Arbres fruitiers plantez ſur ledit Terrain, leſquels ſeront arrachez, pour laiſſer audit grand Chemin de S. Saëns, la largeur de ſoixante-douze pieds au moins, conformément à l'Ordonnance des Eaux & Forêts, du mois d'Aouſt 1669. Titre des Routes & Chemins Roïaux des Forêts : Condamnons ledit Sieur de la Londe, tant pour ladite entrepriſe qu'Arbres coupez ſur ledit Terrain & joüiſſance d'icelui, en trois mille livres d'Amende envers le Roy, & aux deux ſols pour livre de ladite ſomme ; défenſes de faire à l'avenir pareilles entrepriſes, ſous les peines au cas apartenant : Ordonnons que tous les ci-deſſus nommez ſeront tenus, chacun en droit ſoi, de ſe clorre de foſſez, qui ſeront pris ſur leurs anciennes Maſures ou Héritages, le long dudit grand Chemin & Terrain réüni, & déclaré faire partie d'icelui, ſuivant l'alignement qui leur en ſera donné.

Jourdain, Mabile, Tillard, Turbot, Marais, Rouſſel, Auvray, Morin, & Tillard.

De S. Paul. Que leſdites Demoiſelles de S. Paul,

Prieuré de Pubel. Ledit Prieur de Pubel,

Deſcours. Ledit Sieur Deſcours,

Muchedent. Ledit Sieur de Muchedent,

Grancourt. Ledit Loüis Grancourt,

Riberval. Ledit Sieur de Riberval,

Grancourt. Ledit Loüis Grancourt,

Cauchie. Ladite Veuve Nicolas Cauchie,

Grandcourt. Ledit Loüis Grancourt,

Muchedent. Et ledit Sieur de Muchedent ſeront tenus, chacun en droit ſoi, de ſe clorre de foſſez & ſe borner, entre ladite Foreſt & leurs Héritages, ainſi qu'il ſera ci-après preſcrit, par nôtre Réglement général.

Durieu. Faute par ledit Durieu de juſtifier de Titres de propriété du petit Canton de Bois, contenant environ deux Perches, & men-

tionné en nôtredit Procès verbal de Viſite, l'avons déclaré réüni à ladite Foreſt & en faire partie : Ordonnons au ſurplus que
ledit Durieu ſera tenu de ſe clorre de Foſſez & ſe borner, entre icelui, ſes Héritages & ladite Foreſt, ainſi qu'il ſera preſcrit,
par nôtre Réglement général.

Que ledit Sieur de Muchedent ſera tenu de ſe clorre de   *Muchedent.*
foſſez & ſe borner, entre ladite Foreſt & ſes Héritages, ainſi
qu'il ſera ci-après preſcrit, par nôtre Réglement general.

Ledit Charles Foſſe précédemment jugé à ce ſujet.   *Foſſe.*

Tous les ci-deſſus nommez, Riverains de ladite Foreſt
d'Eaüy, Garde de Muchedent, Triage de la Marre-Dufour.

Triage du Hoquet.

Q u e ledit Prieur de Pubel,   *Prieuré de*
Ledit Jacques Goſſe,   *Pubel.*
Ledit Charles Pochon,   *Goſſe.*
Ledit Jacques Pinel,   *Pochon.*
Ledit Mathieu Goſſe,   *Pinel.*
Leſdits Héritiers Thomas Lemonnier,   *Goſſe.*
Ledit Nicolas Coffard,   *Lemonnier.*
Ledit Antoine Delamare,   *Coffard.*
Ledit Jean Julien,   *Delamare.*
Ladite Veuve Nicolas Blard,   *Julien.*
Ledit Loüis Langlois,   *Blard.*
Ledit Jean Moriſſet,   *Langlois.*
Ledit Jacques Goſſe,   *Moriſſet.*
Ledit Jacques & leſdits Mineurs Michel Goſſe,   *Goſſe.*
Ledit Jacques Goſſe,   *Goſſe.*
Ledit Charles Pochon,   *Goſſe.*
Et ledit Prieur de Pubel ſeront tenus, chacun en droit ſoi,   *Pochon.*
de ſe clorre de foſſez & ſe borner, ainſi qu'il ſera ci-après   *Prieuré de*
preſcrit, par nôtre Réglement general.   *Pubel.*

Avons reçû ledit Sieur Sezanne-Dubuſc opoſant à nôtre   *Dubuſc.*

Ordonnance par defaut, du 18. Mars dernier; aïant aucunement égard à sa Requête d'opofition, lui avons acordé Acte
de la déclaration contenuë en icelle, de ce qu'il ne reclame le
Larris mentionné en nôtredit Procès verbal de Vifite, prétendu par ledit Sieur Dubufc, Garde de Bellencombre; & en
conféquence, l'avons déclaré faire partie de ladite Foreft
d'Eaüy & réüni à icelle: Avons maintenu ledit Dubufc en la
propriété & poffeffion de fes autres Héritages étans aux rives
de ladite Foreft; à la charge de fe clorre de foffez, entre iceux
& ladite Foreft, fuivant l'alignement qui lui en fera donné,
& de fournir en outre la quantité de Bornes néceffaire au
bornage, ainfi qu'il fera prefcrit, par nôtre Réglement genéral: Et au furplus, fera nôtredite Ordonnance du 18. Mars
dernier, exécutée fuivant fa forme & teneur; & en conféquence, fans avoir égard à la Permiffion de coupe produite par ledit Dubufc, l'avons condamné en feize cens cinquante livres
d'Amende, pareille fomme de reftitution, & aux deux fols
pour livre defdites deux fommes, pour les trente-trois Arbres de Lifiére abatus fur la crête du foffé de ladite Foreft, &
mentionnez tant en nôtredit Procès verbal de Vifite qu'en
celui de 1719. déchargeant néanmoins ledit Sieur Dubufc
de la condamnation des fix cens livres d'Amende & deux fols
pour livre de ladite fomme, portées en nôtredite Ordonnance du 18. Mars dernier.

Dambray.　　Avons reçû ledit Sieur Dambray opofant à nôtre Ordonnance du 18. Mars dernier; faifant droit fur fon opofition,
lui avons acordé Acte de ce qu'aux termes de ladite Requête,
il ne poffede aucuns Larris aux rives de ladite Foreft d'Eaüy;
en conféquence, avons déclaré tous les Larris mentionnez en
nôtredit Procès verbal de Vifite apartenir audit Sieur Dambray, faire partie de ladite Foreft d'Eaüy & réünis à icelle:
Sera au furplus tenu ledit Sieur Dambray de fe clorre de
foffez & fe borner, entre lefdits Larris réünis & fes Heritages
& ladite Foreft, ainfi qu'il fera ci-après prefcrit, par nôtre Réglement genéral.　　　　　　　　　　　　　　　Que

Que le nommé Durand,   Durand.

Ledit Jean Crevier,   Crevier.

Ladite Veuve de Loüis Maillard,   Maillard.

Ledit Jean Ricœur,   Ricœur.

Et ledit Sieur Defcours feront tenus, chacun en droit foi, de Defcours.
fe clorre de foffez & fe borner, entre leurs Heritages & ladite Foreft, ainfi qu'il fera ci-après prefcrit, par nôtre Réglement general.

Tous les ci-deffus nommez, Riverains de ladite Foreft
d'Eaüy, Garde de Muchedent, Triage du Hoquet.

GARDE DE TORCY,
Triage des Baffes-Bréhoules.

LEDIT Sieur Préfident de la Londe précédemment jugé De la Londe.
à ce fujet.

Que ledit Nicolas Lecoffre,   Lecoffre.

Et ledit Nicolas Paquet feront tenus de fe clorre de foffez Paquet.
& fe borner, entre leurs Heritages & ladite Foreft, ainfi qu'il
fera ci-après prefcrit, par nôtre Réglement general.

Faute par ledit Sieur Manuel de juftifier de Titres de pro- Manuel.
priété des Larris par lui prétendus, & mentionnez en nôtredit
Procès verbal de Vifite, les avons déclarez réünis à ladite Foreft
d'Eaüy & en faire partie : ordonnons qu'ils feront féparez des
terres dudit Manuel ou autres Propriétaires riverains d'iceux,
par foffez qui feront faits fuivant l'alignement qui en fera
donné ; & que ledit Manuel ou autres Riverains feront pareillement tenus de fournir la quantité de Bornes néceffaite
au bornage, ainfi qu'il fera prefcrit, par nôtre Réglement genéral : Condamnons en outre ledit Manuel, en vingt livres
d'Amende envers le Roy, & aux deux fols pour livre de ladite fomme, par forme de reftitution de vingt-neuf années
de joüiffance defdits Larris réünis.

Ledit Sieur Dambray précédemment jugé à ce fujet.   Dambray.

Manuel.   Ledit Sieur Manuel précédemment jugé à ce sujet.

Dambray.   Ledit Sieur Dambray précédemment jugé à ce sujet.

Gavelle.   Faute par ledit Gavelle de juſtifier de Titres de propriété de la Piece de terre par lui prétenduë, proche de celle reclamée par Simon Cordier, l'avons déclarée réünie à ladite Foreſt d'Eaüy & en faire partie : Avons en outre condamné ledit Gavelle en trente livres d'Amende envers le Roy, & aux deux ſols pour livre de ladite ſomme, par forme de reſtitution de vingt-neuf années de joüiſſance de ladite Piece de terre ou Larris défriché réüni ; & au ſurplus, ordonné que ledit Gavelle ſera tenu de ſe clorre de foſſez, entre ladite Foreſt & ſes autres Terres, ſuivant l'alignement qui lui en ſera donné, & de fournir la quantité de Bornes néceſſaire au bornage, ainſi qu'il ſera preſcrit, par nôtre Réglement general.

Cordier.   Faute par ledit Cordier de juſtifier de Titres de propriété de la Piece de terre par lui prétenduë, & mentionnée en nôtredit Procès verbal de Viſite, l'avons déclarée réünie à ladite Foreſt d'Eaüy & en faire partie ; en conſequence, condamnons ledit Cordier en dix livres d'Amende envers le Roy, en outre les deux ſols pour livre de ladite ſomme, par forme de reſtitution des joüiſſances de ladite Piece de terre ; & au ſurplus, ordonné qu'il ſe clorra de foſſez, le long de ſes autres Heritages, ſuivant l'alignement qui lui en ſera donné, & qu'il fournira la quantité de Bornes néceſſaire au bornage, ainſi qu'il ſera preſcrit, par nôtre Réglement general.

Albite.   Faute par ledit Albite de juſtifier du Titre primordial de propriété de la Piece de terre, Larris & Rideau y joignans, mentionnez en nôtredit Procès verbal de Viſite, les avons déclarez réünis à ladite Foreſt d'Eaüy & en faire partie; & en conſéquence, ordonné que ladite Piece de terre, Larris & Rideau ſeront ſéparez des autres terres dudit Albite, ou autres Propriétaires riverains dudit Terrain réüni, par foſſez qui ſeront faits ſuivant l'alignement qui en ſera donné auſdits Propriétaires riverains, leſquels ſeront pareillement tenus de fournir la quantité de

Bornes néceffaire, ainfi qu'il fera prefcrit, par nôtre Réglement genéral : Avons en outre condamné ledit Albite en cent livres d'Amende, & aux deux fols pour livre de ladite fomme, par forme de reftitution de vingt-neuf années de joüiffance de ladite Piece de terre, Larris & Rideau réünis.

Avons déclaré le Larris mentionné en nôtredit Procès verbal de Vifite, & reclamé par ledit Gueroult, réüni à ladite Foreft   *Gueroult.* & en faire partie ; & condamné ledit Gueroult à faire combler à fes frais, le foffé nouvellement fait proche ladite Foreft, & de fe clorre de foffez, entre le Larris réüni & fes Terres, fuivant l'alignement qui lui en fera donné, enfemble de fournir la quantité de Bornes néceffaire au bornage, ainfi qu'il fera prefcrit, par nôtre Réglement genéral : L'avons en outre condamné en trente livres d'Amende envers le Roy, & aux deux fols pour livre de ladite fomme, par forme de reftitution de vingt-neuf années de joüiffance dudit Larris réünis.

Que ledit Nicolas Mat fera tenu de fe clorre de foffez, en-   *Mut.* tre ladite Foreft & fes Heritages, & de fe borner, ainfi qu'il fera ci-après prefcrit, par nôtre Réglement general.

Ledit Sieur Manuel précédemment jugé à ce fujet.   *Manuel.*

Faute par ledit Feray de juftifier de Titres de propriété des   *Feray.* Terres & Larris mentionnez en nôtredit Procès verbal de Vifite lui apartenir, les avons déclarez réünis à ladite Foreft d'Eaüy & en faire partie ; en conféquence, ordonnons que lefdites Terres & Larris réünis feront féparez des Heritages y joignans, par des foffez qui feront faits par les Propriétaires riverains dudit Terrain réüni, fuivant l'alignement qui leur en fera donné ; lefquels feront en outre tenus de fournir la quantité de Bornes néceffaire au bornage, ainfi qu'il fera prefcrit, par nôtre Réglement genéral ; & au furplus, avons condamné ledit Feray, en cent livres d'Amende envers le Roy, & aux deux fols pour livre de ladite fomme, par forme de reftitution de vingt-neuf années de joüiffance dudit Terrain réüni.

Que ledit Sieur Torcy de Saint-Aubin fera tenu de fe   *Torcy.*

R ij

clorre de foſſez & ſe borner en cet endroit, ainſi qu'il ſera
ci-après preſcrit, par nôtre Réglement genéral.

Gavelle.   Ledit Nicolas Gavelle précédemment jugé à ce ſujet.

Monville.   Avons acordé Acte audit Sieur Minfant de Monville, de
ſa déclaration qu'il n'a jamais joüi des Larris en queſtion, &
qu'il n'en reclame point la propriété ; ce faiſant, ordonné
que leſdits Larris ſont & demeureront réünis au corps de ladite Foreſt d'Eaüy, & ſeront ſéparez des Terres & Heritages
y joignans, ainſi qu'il ſera ci-après preſcrit par nôtre Réglement genéral.

Lelateux.   Que ledit Nicolas le Lateux ſera tenu de ſe clorre de foſſez
& ſe borner, entre ladite Foreſt & ſes Heritages, ainſi qu'il ſera
ci-après preſcrit, par nôtre Réglement genéral.

De Torcy.   Ladite Dame de Torcy précédemment jugée à ce ſujet.

De la Londe.   Ledit Sr Préſident de la Londe précédemment jugé à ce ſujet.

Maquaire.   Que ledit Thomas Maquaire,

Durieu.   Ledit François Durieu,

Deſperrois.   Ledit Thomas Deſperrois,

Plaiſant.   Ledit Jacques Plaiſant,

Houſſaye.   Ledit Nicolas Houſſaye,

Coffard.   Ledit Jean Coffard,

Hucher.   Et ledit Alexandre Hucher ſeront tenus, chacun en droit
ſoi, de ſe clorre de foſſez & ſe borner, entre ladite Foreſt &
leurs Heritages, ainſi qu'il ſera ci-après preſcrit, par nôtre Réglement genéral.

Tous les ci-deſſus nommez, Riverains de ladite Foreſt
d'Eaüy, Garde de Torcy, Triage des Baſſes-Brehoules.

Triage des Hautes-Brehoules.

Formas.   LEDIT Nicolas Formas ci-après jugé à ce ſujet.

Oüen.   Ledit Jean Oüen ci-après jugé à ce ſujet.

De la Londe.   Ledit Sieur Préſident de la Londe précédemment jugé à ce
ſujet.

Ladite Veuve Bourgoiſe ci-après jugée à ce ſujet.   Bourgoiſe.

Ledit Antoine Deſmares ci-après jugé à ce ſujet.   Deſmares.

Ledit Jean Legrand ci-après jugé à ce ſujet.   Legrand.

Ledit Pierre Duval ci-après jugé à ce ſujet.   Duval.

Ledit Pierre Delamare ci-après jugé à ce ſujet.   Delamare.

Ledit Joſeph Saulnier ci-après jugé à ce ſujet.   Saulnier.

Ladite Marguerite Noël ci-après jugée à ce ſujet.   Noël.

Ledit Michel Alexandre ci-après jugé à ce ſujet.   Alexandre.

Ledit Mathieu Goſſe ci-après jugé à ce ſujet.   Goſſe.

Ledit François Cailletot ci-après jugé à ce ſujet.   Cailletot.

Leſdits Heritiers de Jacques Lecomte ci-après jugez à ce ſujet.   Lecomte.

Ledit Jean Crevier ci-après jugé à ce ſujet.   Crevier.

Ledit Jean Anſel ci-après jugé à ce ſujet.   Anſel.

Ledit Jacques Leguay précédemment jugé à ce ſujet.   Leguay.

Ledit Mathieu Goſſe ci-après jugé à ce ſujet.   Goſſe.

Ledit Jacques Formas ci-après jugé à ce ſujet.   Formas.

Ledit François Pochon ci-après jugé à ce ſujet.   Pochon.

Ledit Charles Simon ci-après jugé à ce ſujet.   Simon.

Ledit François Coffard ci-après jugé à ce ſujet.   Coffard.

Ledit Robert Deſperrois ci-après jugé à ce ſujet.   Deſperrois.

Ledit Jean Lemonnier ci-après jugé à ce ſujet.   Lemonnier.

Ledit Charles Deſperrois ci-après jugé à ce ſujet.   Deſperrois.

Ladite Veuve Nicolas Varin ci-après, jugée à ce ſujet.   Varin.

Ledit Loüis Auber ci-après jugé à ce ſujet.   Auber.

Ledit Pierre Oüin ci-après jugé à ce ſujet.   Oüin.

Ordonnons que la Veuve Bourgoiſe, Pierre Duval & Pierre Delamare retireront, chacun en droit ſoi, la Haïe de leur Maſure, de deſſus le Chemin de la Foreſt, le long d'icelle, ſur le Terrain duquel leſdites Maſures anticipent d'environ quatre ou cinq pieds : Condamnons en outre leſdits Bourgoiſe, Duval & Delamare chacun en cinq livres d'Amende envers le Roy, & aux deux ſols pour livre de ladite ſomme, pour ladite entrepriſe : Ordonnons pareillement que Nicolas Formas, Joſeph Saulnier, Marguerite Noël, Michel

Alexandre, Mathieu Goſſe, Jean Crevier, les Héritiers de Jacques Lecomte, Jean Anſel, Jacques Formas, François Pochon, Charles Simon, François Coffard, Robert Deſperrois, Charles Deſperrois, Loüis Auber, Pierre Oüin & François Cailletot retireront auſſi, chacun en droit ſoi, la Haïe de leurs Maſures, de deſſus ledit Chemin de la Foreſt, le long d'icelle, ſur le Terrain duquel leſdites Maſures anticipent d'environ quinze à dix-huit pieds : Condamnons en outre les ci-deſſus nommez, chacun en quinze livres d'Amende envers le Roy, & aux deux ſols pour livre de ladite ſomme, pour ladite entrepriſe ; du nombre deſquels néanmoins Mathieu Goſſe propriétaire de trois deſdites Maſures, païera pour ſa part quarante-cinq livres, & les Heritiers de Jacques Lecomte propriétaires de deux, trente livres, en outre les deux ſols pour livre deſdites ſommes ; défenſes au ſurplus faites à tous les ci-deſſus nommez, de faire à l'avenir pareilles entrepriſes, ſous les peines au cas apartenant : Et à l'égard des nommez Jean Oüin, Antoine Deſmares, Jean Legrand, Jean Lemonnier & la Veuve de Nicolas Varin, leſquels n'ont point entrepris ſur ledit Chemin, feront ſeulement tenus, chacun en droit ſoi, ainſi cependant que tous les ci-deſſus nommez, de ſe clorre de foſſez, entre leurs Maſures & ledit Chemin, ſuivant l'alignement qui leur en ſera donné, & de fournir en outre la quantité de Bornes néceſſaire au bornage, ainſi qu'il ſera preſcrit, par nôtre Réglement genéral.

Grandval.   Que ledit Sieur de Grandval ſera tenu de ſe clorre de foſſez, entre ladite Foreſt & ſes Heritages, & de ſe borner, ainſi qu'il ſera ci-après preſcrit, par nôtre Réglement general.

Anſel.   Que ledit Nicolas Anſel ſera pareillement tenu de ſe clorre de foſſez, entre ladite Foreſt & ſes Heritages, & de ſe borner, ainſi qu'il ſera ci-après preſcrit, par nôtre Réglement general.

Grandval.   Que ledit Sieur de Grandval,

Anſel.   Et ledit Nicolas Anſel feront tenus de ſe clorre de foſſez &

ſe borner, entre ladite Foreſt & leurs Héritages, ainſi qu'il ſera ci-après preſcrit, par nôtre Réglement genéral.

Avons acordé Acte audit Paſquier dit Mancion, de ſa décla-   *Paſquier.*
ration portée aux défenſes du 26. Juin 1720. & en conſéquence, déclaré le Larris & Excroiſſances joignans les Terres du
nommé Anſel, réünis à ladite Foreſt & en faire partie : Ordonnons au ſurplus que ledit Paſquier, ou autres Propriétaires
riverains dudit Larris réüni, ſeront tenus de ſe clorre de foſſez, entre icelui & leurs Héritages, ſuivant l'alignement qui
leur en ſera donné, & de fournir la quantité de Bornes nécef-
ſaire au bornage, ainſi qu'il ſera preſcrit, par nôtre Réglement
genéral.

Que ledit Sieur de Grandval ſera tenu de ſe clorre de foſſez   *Grandval.*
& ſe borner, entre ladite Foreſt & ſes Héritages, ainſi qu'il ſera ci-après preſcrit, par nôtre Réglement genéral.

Ledit Sieur Dambray précédemment jugé à ce ſujet.   *Dambray.*

Ledit Sieur Manuel précédemment jugé à ce ſujet.   *Manuel.*

Ledit Sieur Sezanne - Dubuſc précédemment jugé à ce ſujet.   *Dubuſc.*

Faute par ledit Ricœur de juſtifier de Titres de propriété du   *Ricœur.*
Larris par lui reclamé, & mentionné en nôtredit Procès verbal de Viſite, avons déclaré ledit Larris réüni à ladite Foreſt & en faire partie ; & ordonné que ledit Ricœur ſera tenu
de ſe clorre, entre icelui & ſes Terres, de foſſez, ſuivant
l'alignement qui lui en ſera donné, & de fournir la quantité de Bornes néceſſaire au bornage, ainſi qu'il ſera preſcrit,
par nôtre Réglement genéral : Avons en outre condamné ledit Ricœur en quinze livres d'Amende envers le Roy, & aux
deux ſols pour livre de ladite ſomme, par forme de reſtitution de vingt-neuf années de joüiſſance dudit Larris.

Ledit Sieur Sezanne-Dubuſc précedemment jugé à ce ſujet.   *Dubuſc.*

Ledit Jacques Ricœur précedemment jugé à ce ſujet.   *Ricœur.*

Que ledit Sieur Prieur de Pubel ſera tenu de ſe clorre de foſ-   *Prieuré de*
ſez & ſe borner, entre ladite Foreſt & ſes Héritages, ainſi qu'il   *Pubel.*
ſera ci-après preſcrit, par nôtre Réglement genéral.

Tous les ci-deſſus nommez, Riverains de ladite Foreſt d'Eaüy, Garde de Torcy, Triage des Hautes-Brehoules.

GARDE DU CROC,
Triage du Val-Ninet.

Albite.	QUE ledit Sieur Antoine Albite,
Delacroix.	Ladite Veuve Saunier, Héritiére d'Henry Delacroix.
Albite.	Ledit Antoine Albite,
Delacroix.	Ladite Veuve Saunier, Héritiere Delacroix,
Deſlondes.	Leſdits Repreſentans Saunier-Deſlondes,
Soumeſnil.	Ledit Sieur de Soumeſnil,
Saintigny.	Ledit Nicolas Saintigny,
Vattier.	Ledit Vattier,
Rouſſel.	Ledit Guillaume Rouſſel,
Cauchie.	Ledit Pierre Cauchie,
Andrieu.	Et ledit Nicolas Andrieu feront tenus, chacun en droit foi, de ſe clorre de foſſez & ſe borner, ainſi qu'il ſera ci-après preſcrit, par nôtre Réglement genéral.
Dambray.	Ledit Sieur Dambray précédemment jugé à ce ſujet.
Chapelle de Sainte-Catherine.	Avons reçû ledit Sieur Michel Leboucher Prêtre, Titulaire de la Chapelle de Sainte Catherine, opoſant à nôtre Ordonnance contre lui renduë par défaut, le 3. Juillet dernier; faiſant droit ſur ſon opoſition, & y aïant égard, l'avons maintenu en poſſeſſion & joüiſſance de quatre Acres de terre en labeur ſeulement, & ordonné que les Larris joignans leſdites terres en labeur, feront réünis à la Foreſt, de laquelle Nous les avons déclarez faire partie : Avons déchargé au ſurplus ledit Leboucher des condamnations contre lui prononcées par nôtredite Ordonnance ; & fera en outre tenu de ſe clorre de foſſez & ſe borner, entre leſdits Larris & ſes Terres, ainſi qu'il ſera ci-après preſcrit, par nôtre Réglement genéral.
De la Londe.	Ledit Sieur Préſident de la Londe précédemment jugé à ce ſujet.

Tous

Tous les ci-deſſus nommez , Riverains de ladite Foreſt d'Eaüy , Garde du Croc, Triage du Val-Ninet.

Triage de la Côte d'Eſtables.

AVONS acordé Acte à ladite Dame Marquiſe de Sœüil, de la déclaration contenuë en ſeſdites Requête & Procuration ; ce faiſant , avons déclaré les Larris mentionnez en nôtredit Procès verbal de Viſite, faire partie de ladite Foreſt & réünis à icelle ; en conſéquence, ordonnons qu'ils ſeront ſéparez des Terres de ladite Dame de Sœüil, ou autres Riverains d'iceux , par foſſez qui ſeront faits ſuivant l'alignement qui en ſera donné ; & au ſurplus , ſeront tenus ladite Dame de Sœüil & au-tres Riverains, de fournir la quantité de Bornes néceſſaire au bornage , ainſi qu'il ſera ci-après preſcrit , par nôtre Régle-ment genéral. De Sœüil.

Que faute de reclamation & juſtification de la Portion de Larris mentionnée dans nôtredit Procès verbal de Viſite, apar-tenir audit Sieur de Boishulin , ladite portion de Larris ſera réünie à la Foreſt , dont Nous la déclarons faire partie ; & ſera ſéparée des Héritages y joignans , par foſſez qui ſeront pris ſur le terrain des Propriétaires deſdits Héritages , & ſeront faits à leurs frais , ſuivant l'alignement qui en ſera donné. Boishulin.

Avons acordé Acte audit Sieur Bécu, de la déclaration con-tenuë en ſadite Requête ; & en conſéquence, déclaré les Larris & Chênaïe en queſtion faire partie de ladite Foreſt d'Eaüy ; & ordonné que ledit Sieur Bécu ſera tenu de ſe clorre de foſ-ſez & ſe borner, entre leſdits Larris & Chênaïe & ladite Foreſt, ainſi qu'il ſera ci-après preſcrit , par nôtre Réglement genéal. Bécu.

Faute par ledit Sieur Curé d'Eſtables de juſtifier de Titres de propriété du petit Canton de Bois Taillis mentionné en nô-tredit Procès verbal de Viſite , être reclamé par ledit Sieur Cu-ré ; l'avons déclaré faire partie de ladite Foreſt & réüni à icel-le ; ce faiſant , avons condamné ledit Sieur Curé d'Eſtables Curé d'Eſta-bles.

S

en dix livres d'Amende envers le Roy, en outre les deux ſols pour livre de ladite ſomme, par forme de reſtitution des joüiſſances dudit Taillis; & ſera au ſurplus tenu ledit Sieur Curé de ſe clorre de foſſez, entre ladite Foreſt & Taillis réüni & ſes Terres, ſuivant l'alignement qui lui en ſera donné, & de fournir la quantité de Bornes néceſſaire au bornage, ainſi qu'il ſera preſcrit, par nôtre Réglement general.

Lemarchand. Que ledit Pierre Lemarchand ſera tenu de ſe clorre de foſſez & ſe borner, entre ladite Foreſt & ſes Terres, ainſi qu'il ſera ci-après preſcrit, par nôtre Réglement general.

De Torcy. Ladite Dame Veuve du Sieur de Torcy précédemment jugée à ce ſujet.

Soumeſnil. Ledit Sieur de Soumeſnil précédemment jugé à ce ſujet.

Tous les ci-deſſus nommez, Riverains de ladite Foreſt d'Eaüy, Garde du Croc, Triage de la Côte d'Eſtables.

Triage du Val-des-Grez.

Dumouchel. QUE leſdits Héritiers Jean-Touſſaint Turpin, repreſentez par le Sieur David Dumouchel,

Marquet. Ledit Sieur Marquet,

Ladite Demoiſelle Marthe Selles, Veuve du Sieur Abraham *Bauldry.* Bauldry, prenant le fait & cauſe de Jean Duboſc,

Jourdain. Ledit Antoine Jourdain,

Malbranche. Ledit Denis Malbranche,

Daveſne. Et ledit Guillaume Daveſne ſeront tenus, chacun en droit ſoi, de ſe clorre de foſſez & ſe borner, entre ladite Foreſt & leurs Héritages, ainſi qu'il ſera ci-après preſcrit, par nôtre Réglement general.

Ducrottey. Avons acordé Acte audit Sieur Ducrottey du Traverſain de ſa déclaration; ce faiſant, avons déclaré les Larris en queſtion, & mentionnez en nôtredit Procès verbal de Viſite, réünis à la Foreſt d'Eaüy & en faire partie; en conſéquence, ordonnons qu'ils ſeront ſéparez des Terres & Héritages dudit Sieur Ducrottey, ou autres Propriétaires riverains deſdits Larris, par foſſez qui feront faits, ſuivant l'alignement qui en ſera donné, & que ledit Sieur Ducrottey ou autre Riverain d'iceux, ſera en outre tenu de fournir la quantité de Bornes néceſſaire au bornage, ainſi qu'il ſera ci-après preſcrit, par nôtre Réglement général.

Avons reçû ledit Sieur de Morienne opoſant à nôtre Or- DeMorienne.
donnance du 24. Mars dernier ; faifant droit ſur ſon opoſi- tion & y aïant égard, lui avons acordé Acte de la déclara- tion portée en ſa Requête ; & en conſéquence, déclaré le Lar- ris mentionné en nôtredit Procès verbal de Viſite, Garde des Nappes, Triage de la Laye-Madame, ainſi que les Pommiers étant plantez deſſus, faire partie de ladite Foreſt d'Eaüy & réünis à icelle ; ce faifant, ordonné que ledit Larris ſera ſépa- ré des Terres & Heritages dudit Sieur de Morienne, ou au- tre Riverain dudit Larris, par foſſez qui feront faits, ſuivant l'alignement qui en ſera donné ; & au ſurplus ſera tenu ledit Sieur de Morienne de ſe clorre de foſſez & ſe borner, entre ladite Foreſt & ſes autres Heritages, ainſi qu'il ſera ci-après preſcrit, par nôtre Réglement général.

Que ledit Sieur de Fontenay ſera tenu de ſe clorre de foſſez, De Fontenay.
entre ladite Foreſt & ſes Heritages, & ſe borner, ainſi qu'il ſera ci-après preſcrit, par nôtre Réglement général.

Ledit Sieur Dambray précédemment jugé à ce ſujet. Dambray.
Que leſdits Mineurs Nicolas Bienaimé, Bienaimé.
Ledit Nicolas Duhamel, Duhamel.
Ledit Hubert Quenoüille, Quenoüille.
Et ledit Sieur de Soumeſnil feront tenus, chacun en droit Soumeſnil.
ſoi, de ſe clorre de foſſez & ſe borner, entre ladite Foreſt & leurs Heritages, ainſi qu'il ſera ci-après preſcrit, par nôtre Ré- glement général.

Tous les ci-deſſus nommez, Riverains de ladite Foreſt d'Eaüy, Garde du Croc, Triage du Val-des-Grez.

GARDE DES NAPPES,

Triage de la Laye-Madame.

DeMorienne.   LEDIT Sieur de Morienne précédemment jugé à ce ſujet.

De la Londe.   Ledit Sieur Préſident de la Londe précédemment jugé à ce ſujet.

Auber.   Que leſdits Héritiers Jacques-Etienne Auber ſeront tenus de ſe clorre de foſſez & ſe borner, entre ladite Foreſt & leurs Héritages, ainſi qu'il ſera ci-après preſcrit, par nôtre Réglement general.

De la Londe.   Ledit Sieur Préſident de la Londe précédemment jugé à ce ſujet.

Religieuſes de S. Saëns.   Leſdites Dames Abeſſe & Religieuſes de S. Saëns précédemment jugées à ce ſujet.

Crevier.   Que ledit Antoine Crevier, repréſentant Jean Hubert,

Buley.   Ledit Guillaume Buley,

Leviſtre.   Ledit Jean Leviſtre,

Bréhon.   Ledit Sieur Nicolas Bréhon,

Buley.   Ledit Guillaume Buley,

Bourdelet.   Ledit Michel Bourdelet, repréſentant Charles Fournier,

Buley.   Ledit Guillaume Buley,

Gruel.   Ledit Sieur Gruel,

Cambour.   Ledit Antoine Cambour,

Buley.   Ledit Guillaume Buley,

Balluet.   Ledit Robert Balluet,

Balluet.   Et ledit Antoine Balluet ſeront tenus, chacun en droit ſoi, de ſe clorre de foſſez & ſe borner, entre ladite Foreſt & leurs Héritages, ainſi qu'il ſera ci-après preſcrit, par nôtre Réglement general.

De Torcy.   Ladite Dame veuve de Torcy précedemment jugée à ce ſujet.

Landa.   Faute par ledit Landa de juſtifier de la propriété du petit Canton de Bois d'environ deux Perches, étant proche de ſa

Maſure, & mentionné en nôtredit Procès verbal de Viſite, avons déclaré ledit Canton de Bois réüni à la Foreſt d'Eaüy & en faire partie ; faiſons défenſes audit Landa, de rien entreprendre ſur icelui ; & l'avons en outre condamné en deux cens livres d'Amende envers le Roy, & aux deux ſols pour livre de ladite ſomme, pour les Arbres mentionnez en nôtredit Procès verbal de Viſite, avoir été par lui abatus, & par forme de reſtitution de vingt-neuf années de joüiſſance dudit Canton de Bois réüni : Ordonnons au ſurplus, que les deux Bornes qui s'y trouvent, ſeront arrachées, & que ledit Landa ſera tenu de ſe clorre de foſſez, entre ladite Foreſt & ſes Terres & Heritages, ſuivant l'alignement qui lui en ſera donné, & de fournir la quantité de Bornes néceſſaire au bornage, ainſi qu'il ſera preſcrit, par nôtre Réglement general.

 Que ledit Robert-Claude Gueroult,   Gueroult.

 Ledit Jacques Cardon,   Cardon.

 Et leſdits Heritiers de Jacques-Etienne Auber ſeront te- Auber. nus, chacun en droit ſoi, de ſe clorre de foſſez, entre ladite Foreſt & leurs Heritages, & de ſe borner, ainſi qu'il ſera ci-après preſcrit, par nôtre Réglement general.

 Tous les ci-deſſus nommez, Riverains de ladite Foreſt d'Eaüy, Garde des Nappes, Triage de la Laye-Madame.

Triage de la Lande-Hardel.

 Ladite Dame Veuve de Torcy précedemment jugée à De Torcy. ce ſujet.

 Que ladite Veuve Croquenoix,   Croquenoix.

 Et ledit Jacques Braſdefer ſeront tenus de ſe clorre de foſ- Braſdefer. fez & ſe borner, entre ladite Foreſt & leurs Heritages, ainſi qu'il ſera ci-après preſcrit, par nôtre Réglement general.

 Ladite Dame Veuve de Torcy précedemment jugée à ce De Torcy. ſujet.

 Que ledit Adrien Blambureau,   Blambureau.

Monnier.	Ledit François Monnier,
Fournier.	Ledit Jean Fournier,
Croquenoix.	Ladite Veuve de Guillaume Croquenoix,
Douté.	Ledit Jacques Douté,
Renard.	Ledit Charles Renard,
Douté.	Ledit Jacques Douté,
Auber.	Ledit Nicolas Auber,
Renard.	Ledit Charles Renard,

Delamotte. Et ledit Antoine Delamotte seront tenus, chacun en droit soi, de se clorre de fossez & se borner, entre ladite Forest & leurs Heritages, ainsi qu'il sera ci-après prescrit, par nôtre Réglement general.

De la Londe. Ledit Sieur Président de la Londe précedemment jugé à ce sujet.

Douté. Que ledit Jacques Douté sera tenu de se clorre de fossez & se borner, entre ladite Forest & ses Heritages, ainsi qu'il sera ci-après prescrit, par nôtre Réglement general.

De la Londe. Ledit Sieur Président de la Londe précedemment jugé à ce sujet.

Douté. Que ledit Jacques Douté sera tenu de se clorre de fossez & se borner, entre ladite Forest & ses Heritages, ainsi qu'il sera ci-après prescrit, par nôtre Réglement general.

De la Londe. Ledit Sieur Président de la Londe précedemment jugé à ce sujet.

Landa. Ledit Pierre Landa précédemment jugé à ce sujet.

Tous les ci-dessus nommez, Riverains de ladite Forest d'Eaüy, Garde des Nappes, Triage de la Lande-Hardel.

Triage du Mesnil-aux-Moines.

Monduet. Que ledit Sieur du Mesnil-Monduet,

Langlois. Et ladite Veuve de François Langlois seront tenus de se clorre de fossez & se borner, entre ladite Forest & leurs Heritages, ainsi qu'il sera ci après prescrit, par nôtre Réglement general.

Religieuses Lesdites Dames Religieuses de Sainte Marie du second Monaſtere de Roüen, précedemment jugées à ce ſujet.

Que ladite Veuve de Nicolas Dehames,

Ledit Pierre Tranchepain,

Ladite Veuve de Guillaume Croquenoix,

Et ledit Nicolas Delamotte ſeront tenus, chacun en droit ſoi, de ſe clorre de foſſez & ſe borner, entre ladite Foreſt & leurs Heritages, ainſi qu'il ſera ci-après preſcrit, par nôtre Réglement genéral.

Avons déclaré les Arbres de Liſiere étans le long de la Maſure de ladite Veuve Jacques Delamotte, faire partie de la Foreſt & réünis à icelle; faiſons défenſes à ladite Veuve, d'en faire aucunes coupe ni abatis; & ſera tenuë de clorre inceſſamment la Barriere de ſadite Maſure ouvrante ſur la Foreſt, & de faire faire, entre leſdits Arbres réünis & ſadite Maſure & Heritages, des foſſez, ſuivant l'alignement qui lui en ſera donné; & de fournir en outre la quantité de Bornes néceſſaire au bornage, ainſi qu'il ſera ci-après preſcrit, par nôtre Réglement genéral.

Que ledit François Savary ſera tenu de ſe clorre de foſſez & ſe borner, entre ſes Heritages & ladite Foreſt, ainſi qu'il ſera ci-après preſcrit, par nôtre Réglement genéral.

Ladite Veuve de Jacques Delamotte précédemment jugée à ce ſujet.

Que ledit Pierre Roze,

Et ledit Pierre Trevet ſeront tenus de ſe clorre de foſſez & ſe borner, entre ladite Foreſt & leurs Heritages, ainſi qu'il ſera ci-après preſcrit, par nôtre Réglement genéral.

Leſdites Dames Religieuſes de Sainte Marie du ſecond Monaſtere de Roüen, précédemment jugées à ce ſujet.

Ledit Sieur Cardinal de Polignac Abé de Bonport, précédemment jugé à ce ſujet.

Ledit Sr Préſident de la Londe précédemment jugé à ce ſujet.

Tous les ci-deſſus nommez, Riverains de ladite Foreſt d'Eaüy, Garde des Nappes, Triage du Meſnil-aux-Moines.

BOIS TAILLIS DE LONGUEVILLE,
Bois Parquet.

QUE ledit Sieur Marquis de Belbeuf,

Ledit Robert Lefévre,

Ledit Sieur Defgroifilles,

Ledit Sieur de Belbeuf,

Le nommé Ducrocq,

Le nommé Meflin,

Lefdites Dames Urfulines de Roüen,

Ledit Jean Ofmont,

Et ledit Sieur de Belbeuf feront tenus, chacun en droit foi, de fe clorre de foffez & fe borner, entre lefdits Bois Taillis & leurs Heritages, ainfi qu'il fera ci-après prefcrit, par nôtre Réglement genéral.

Tous les ci-deffus nommez, Riverains dudit Bois Parquet.

Bois de la Coudrette.

QUE ledit Sieur Marquis de Belbeuf,

Ledit Nicolas Sanfon,

Lefdites Dames Urfulines de Roüen,

Ledit Sieur du Tanney,

Et ledit Sieur de Belbeuf feront tenus, chacun en droit foi, de fe clorre de foffez & fe borner, entre lefdits Bois Taillis & leurs Heritages, ainfi qu'il fera ci-après prefcrit, par nôtre Réglement genéral.

Tous les ci-deffus nommez, Riverains dudit Bois de la Coudrette.

Bois Coroy.

QUE ledit Sieur de Belbeuf,

Ledit Nicolas Maromme,

Ladite

Ladite Demoiselle Lefévre,
Ledit Sieur de Belbeuf,
Ledit François Avisse,
Ledit Nicolas Dilard,
Ledit Nicolas Sanson,
Ledit Sieur Maromme, Curé de Saint-Mars,
Ledit Antoine Levacher,
Et ledit Sieur du Tanney feront tenus, chacun en droit soi, de se clorre de fossez & se borner, entre ledit Bois Taillis & leurs Heritages, ainsi qu'il sera ci-après prescrit, par nôtre Réglement general.

Tous les ci-dessus nommez, Riverains dudit Bois Coroy.

Bois de la Vieille-Vente.

QUE ledit Sieur Harel,
Ladite Dame Comtesse de Clére,
Et ledit Sieur Maromme feront tenus, chacun en droit soi, de se clorre de fossez & se borner, entre ledit Bois Taillis & leurs Heritages, ainsi qu'il sera ci-après prescrit, par nôtre Réglement general.

Tous les ci-dessus nommez, Riverains dudit Bois de la Vieille-Vente.

Bois Cormont.

QUE ladite Dame Comtesse de Clére,
Ledit Sieur Prieur de Saint Martin,
Ledit Sieur Jean Petit,
Ledit Sieur Prieur de Saint Martin,
Ledit Sieur Petit,
Et le nommé Levesqué feront tenus, chacun en droit soi, de se clorre de fossez & se borner, entre ledit Bois Taillis & leurs Heritages, ainsi qu'il sera ci-après prescrit, par nôtre Réglement general.

T

Tous les ci-deſſus nommez, Riverains dudit Bois Cormont.

Bois de la Vittecottiere.

QUE ledit Sieur Jean Petit,
Ledit Sieur Prieur de Saint Martin,
Ladite Dame Comteſſe de Clére,
Ledit Adrien Poulain,
Ladite Dame Comteſſe de Clére,
Ledit Jean Rufin,
Ledit Sieur Maromme,
Ledit Sieur de Sevis,
Et ledit Sieur de la Roque feront tenus, chacun en droit ſoi, de ſe clorre de foſſez & ſe borner, entre ledit Bois Taillis & leurs Heritages, ainſi qu'il ſera ci-après preſcrit, par nôtre Réglement genéral.

Tous les ci-deſſus nommez, Riverains dudit Bois de la Vittecottiere.

Bois Pohel.

QUE ledit Sieur Maromme,
Et ledit Sieur Curé de Saint-Helier, ſeuls Riverains dudit Bois Pohel, feront tenus de ſe clorre de foſſez & ſe borner, entre icelui & leurs Heritages, ainſi qu'il ſera ci-après preſcrit, par nôtre Réglement genéral.

Bois de la Capelle.

QUE ledit Sieur Jean Petit,
Ledit Henry Lefévre,
Leſdits Repreſentans Jean Dilard,
Ledit Sieur Merlin,
Ladite Dame Comteſſe de Clére,
Ledit Sieur Merlin,

Ledit Sieur Maromme,

Lefdits Reprefentans Jean Dilard,

Et ledit Sieur Pavyot du Mefnil feront tenus, chacun en droit foi, de fe clorre de foffez & fe borner, entre ledit Bois Taillis & leurs Heritages, ainfi qu'il fera ci-après prefcrit, par nôtre Réglement genéral.

Tous les ci-deffus nommez, Riverains dudit Bois de la Capelle.

Bois des Mondereaux.

QUE lefdits Heritiers de Jacques Dutronquay,

Ledit Sieur Curé de Montreüil,

Ledit Sieur Lemonnier,

Ledit Délié,

Ledit Sieur Curé de Montreüil,

Ladite Abaïe de Saint Victor,

Et ledit Sieur le Demandé feront tenus, chacun en droit foi, de fe clorre de foffez & fe borner, entre ledit Bois Taillis & leurs Heritages, ainfi qu'il fera ci-après prefcrit par nôtre Réglement genéral.

Tous les ci-deffus nommez, Riverains dudit Bois des Mondereaux.

Bois Cerfil.

QUE ladite Dame Comteffe de Clére,

Ledit Sieur Maffelin,

Et ledit Sieur Hatteveille, feuls Riverains dudit Bois Cerfil, feront tenus, chacun en droit foi, de fe clorre de foffez & fe borner, entre icelui & leurs Heritages, ainfi qu'il fera ci-après prefcrit, par nôtre Réglement genéral.

Bois du Heron.

QUE ledit Hôpital de la Madeleine de Dieppe,

Ledit Sieur Berthelot,
Ladite Abaïe de Longueville,
Ledit Sieur Dubufc,
Ledit Sieur Dambray,
Les Religieux de Saint Wandrille,
Ledit Sieur Dambray,
Ledit Hôpital de la Madeleine de Dieppe,
Et ledit Sieur Dambray feront tenus, chacun en droit foi, de fe clorre de foffez & fe borner, entre ledit Bois Taillis & leurs Heritages, ainfi qu'il fera ci-après prefcrit, par nôtre Réglement general.

Tous les ci-deffus nommez, Riverains dudit Bois du Heron, qui eft le dernier defdits Bois Taillis de Longueville.

FAIT & arrêté à Roüen, par Noufdits Commiffaires-Réformateurs Genéraux, conformément aux Jugemens par Nous rendus pendant le cours de ladite Réformation, depuis le 3. Mai 1732. jufqu'à cejourd'hui premier jour de Septembre mil fept cens trente-quatre.

Signez, DURAND DE MISSY, LE PAIGE, CHERET, & GALLOIS, avec paraphes.

Collationné. Signé, COUSIN DE VINVAL.

REGLEMENS

RÉGLEMENS GENERAUX
ET PARTICULIERS
DE RÉFORMATION,

POUR la Maîtrise des Eaux & Forêts d'Arques, Département de Roüen,

Faits par Messieurs PIERRE-AUGUSTIN DURAND *Chevalier, Seigneur* DE MISSY, *Conseiller du Roy en ses Conseils , & son Procureur Général au Parlement de Normandie ;* PIERRE-ALEXANDRE LE PAIGE *Chevalier, Seigneur du Portpinché, Lieutenant Particulier au Bailliage & Siege Présidial de Roüen ; &* CHARLES-ANTOINE CHERET, *Conseiller du Roy, & son Procureur en la Maîtrise des Eaux & Forêts de Paris, Commissaires Generaux de ladite Réformation ; ce requerant Mr* FRANÇOIS-PAUL GALLOIS *Ecuïer, Seigneur du Bourbaudoüin, Conseiller-Avocat du Roy aux Requétes du Palais , Substitut au Parlement de Normandie , Inspecteur General des Eaux & Forêts , au Département de Roüen, Procureur General d'icelle.*

Du 7. Septembre 1734.

NOUSDITS Commissaires-Généraux-Réformateurs, après avoir déliberé nos Procès verbaux de Visites, les Procédures qui ont été tenuës, & les Observations par Nous faites, pendant le cours de la presente Réformation, concernans les Entreprises, Délits

A

& Dégradations commiſes dans les Forêts de Sa Majeſté, les abus, négligences, malverſations préjudiciables aux intérêts du Roy, & contraires au bien du Service, provenant du peu d'exactitude à ſuivre les Ordonnances & Réglemens ſur le Fait des Eaux & Forêts ; Avons trouvé néceſſaire, pour y remédier & rétablir l'ordre, de faire les Réglemens qui ſuivent, en vertu du pouvoir à Nous atribué, par Lettres Patentes de Sa Majeſté, du 26. Février 1732. qui Nous auroit députez à cet éfet : Et en conſéquence,

ARTICLE PREMIER.

Arpentage du Terrain réüni.

ORDONNONS qu'il ſera inceſſamment procédé par l'Arpenteur de la Réformation., à l'Arpentage des Terres, Larris, Taillis & Liſieres réünis par nos Jugemens, aux Forêts de Sa Majeſté ; & que les quantitez & Figures en ſeront ajoûtées aux Plans & Procès verbaux d'Arpentage ci-devant faits deſdites Forêts, par ledit Arpenteur, avec diſtinction des Terres vaines & vagues qu'il conviendroit repeupler & regarnir, ſi Sa Majeſté le juge à propos.

II.

Liſieres ſur la crête des foſſez, déclarées au Roy.

DECLARONS tous les Arbres & Excroiſſances ſur la crête des Foſſez, du côté des Forêts, faire partie d'icelles, & être du Domaine de Sa Majeſté.

III.

RENOUVELANT en tant que beſoin ſeroit, le Jugement de la Réformation de 1668. faiſons défenſes à tous Riverains deſdites Forêts, de quelque qualité & condition qu'ils puiſſent être, de faire couper aucun Arbre ou Excroiſſance ſur les crêtes des Foſſez, ſous quelque prétexte que ce ſoit, & ſous les peines & Amendes portées par l'Ordonnance des Eaux & Forêts, du mois d'Aouſt 1669.

IV.

FAISONS pareilles défenſes aux Oficiers de ladite Maîtriſe,

d'en donner congé ou permiſſion, à peine d'interdiction, & d'être reſponſables des Amendes au cas apartenant.

V.

POURONT néanmoins les Riverains diſpoſer des Arbres, Bois & Excroiſſances, étans de l'autre côté deſdits foſſez & ſur les fonds qui leur apartiennent, en obſervant les formalitez de ladite Ordonnance de 1669. & ce, après les foſſez bien & dûëment faits, & à la charge de les réparer & rafraîchir lors deſdites Coupes, dont ſera dreſſé Procès verbal ſans frais, par le Garde-Marteau, lors de ſes Viſites, & icelui dépoſé au Gréfe.

V I.

ORDONNONS que dans l'alignement des foſſez, tous les Arbres de Liſiére réünis ſur les Riverains dénommez en nos Jugemens particuliers d'iceux, ſeront renfermez dans la Foreſt, par les nouveaux foſſez qu'il conviendra faire ou rafraîchir, en ſorte que le rejet des terres en provenant, ſoit fait du côté deſdits Arbres, pour former la crête deſdits foſſez ſur la Foreſt.

V I I.

POUR diſtinguer les Bois & Liſiéres des Particuliers, aux rives deſdites Forêts, de ceux apartenans à Sa Majeſté, ne pouront les Propriétaires leur laiſſer ateindre plus de dix ans, auquel âge leur enjoignons d'en faire faire la coupe, à peine de réünion : Seront néanmoins tenus de faire la réſerve des Baliveaux ſur leurs Taillis, & ne pouront en diſpoſer qu'en ſe conformant à l'Ordonnance.

Liſieres de Taillis de particuliers.

V I I I.

COMME il eſt eſſéntiel pour la conſervation des Forêts de Sa Majeſté, que leurs limites & ſéparations d'avec les Riverains d'icelles, ſoient ſi bien marquées qu'ils ne puiſſent à l'avenir uſurper ni anticiper ſur leſdites Forêts ; Nous ordonnons qu'il ſera inceſſamment pris par l'Arpenteur de la Réformation, les meſures & alignemens, pour le placement des Bornes né-

Bornes.

cesſaires à la fixation deſdites limites ; leſquelles Bornes feront plantées ſur la crête des foſſez deſdites Forêts, à tous les angles rentrans & ſortans d'icelles, & feront plantées des Parvoïes ſur les lignes droites de trop longue portée.

I X.

Lors dudit alignement, ledit Arpenteur fera planter des Pieux & faire des trous aux endroits qu'il déſignera pour le placement deſdites Bornes ; il dreſſera enſuite un Etat de la quantité que chaque Riverain dévra en fournir, lequel Etat ſera dépoſé au Gréfe de la Maîtriſe, & Expédition d'icelui délivrée au Procureur du Roy de ladite Maîtriſe, lequel en fera ſignifier des Extraits aux Riverains, pour ce qui les concernera, & iceux ſommer, chacun en droit ſoi, de faire tranſporter dans un délai compétent, la quantité de Bornes qui leur ſera preſcrite.

X.

Chaque Riverain ſera tenu après la ſommation qui lui en aura été faite, & dans le terme y porté, de faire tranſporter entre la Foreſt & ſes Héritages, la quantité de Bornes ordonnée, aux endroits & proche des trous & pieux déſignéz, pour leur placement être fait avec Tuillot & Charbon, pour témoins.

X I.

Toutes les Bornes feront rondes, de Grez ou Pierre dure, d'un même échantillon, de trois pieds de hauteur, ſur ſix pouces de diamétre par haut & de huit par bas.

X I I.

Les Gardes des Forêts veilleront chacun en leur Canton, à ce que les Bornes ſoient fournies dans le tems fixé, & icelui paſſé dreſſeront Procès verbal de ceux qui auront négligé d'y ſatisfaire, pour auſſi-tôt après la remiſe d'icelui au Gréfe, y être pourvû ſans retardement ni nouvelle Procédure, à la diligence du Procureur du Roy, & aux frais & dépens de ceux qui auront négligé de fournir leſdites Bornes, dont

Exécutoire fera à l'inſtant délivré contr'eux.

X I I I.

Tout ainſi diſpoſé fera pris jour par les Oficiers de la Maîtriſe d'Arques, que Nous commétons & ſubdéleguons à cet éfet,
pour procéder au placement deſdites Bornes, les Riverains
préalablement ſommez d'y être preſens, ſi bon leur ſemble, au
jour qui leur fera indiqué ; & fera en preſence deſdits Oficiers,
Procureur du Roy & Parties, ou elles dûëment apellées, procedé par ledit Arpenteur audit bornage, duquel fera dreſſé
Procès verbal, contenant le nom du Riverain joignant la Foreſt, & déſignation faite des angles, lignes, & de la quantité
de Perches & pieds de diſtance d'une Borne à l'autre, leſquelles diſtances & figures feront pareillement cotées par
ledit Arpenteur, ſur les Plans deſdites Forêts ; & feront leſdits Procès verbaux & Plans dépoſez au Gréfe de la Réformation, & Copies & Expéditions d'iceux remiſes au Gréfe de la
Maîtriſe.

X I V.

Le Bornage achevé l'Arpenteur tirera de Borne en Bor- Foſſez.
ne, l'alignement des rives deſdites Forêts d'Arques, Hellet,
Buiſſons en dépendans, Foreſt d'Eaüy & Bois Taillis de Longueville ; & il en mettra ſon Procès verbal au Gréfe de la
Maîtriſe ; & feront délivrez des Extraits dudit Procès verbal
aux Riverains deſdites Forêts, leſquels feront tenus, chacun
en droit ſoi, de faire des foſſez neufs ou rafraîchir & rétablir
les anciens qui ſe trouveront dans ledit alignement.

X V.

Tous les Foſſez ordonnez feront pris ſur le Terrain des
Propriétaires riverains, & feront faits deſ largeur & profondeur preſcrites par l'Article I V. du Titre de la Police, de
l'Ordonnance des Eaux & Forêts, du mois d'Aouſt 1669. &
entretenus par la ſuite dans ledit état, aux frais deſdits Riverains : Sera la terre provenant deſdits foſſez, jettée du côté de
la Foreſt, en ſorte que la crête d'iceux ſoit toûjours du côté

de ladite Foreſt , ſous peine d'être leſdits foſſez rétablis aux frais & dépens des contrevenans.

XVI.

QUINZAINE après la ſignification des Extraits ci-deſſus, les Riverains deſdites Forêts ſeront tenus de mettre des Ouvriers aux foſſez qui leur auront été ordonnez, & de les faire & parfaire dans trois mois pour tout délai ; paſſé lequel tems, & ſans qu'il ſoit beſoin de nouvelle ſignification, enjoignons au Procureur du Roy, d'y mettre des Ouvriers, aux frais & dépens des Riverains qui n'y auront pas ſatisfait, & ſeront leſdits Ouvriers païez ſuivant la taxe qui leur en ſera faite par leſdits Oficiers ; à quoi les Riverains ſeront contraints même par ſaiſie de leurs Terres & Heritages.

XVII.

Barrieres, fauſſes Sentes.

SERONT toutes les Barrieres ouvrantes ſur la Foreſt ſuprimées ; défenſes de les rétablir, ſous quelque prétexte que ce ſoit, à peine de cinq cens livres d'Amende contre les contrevenans.

XVIII.

TOUTES Bréches & fauſſes Sentes ſeront fermées ; défenſes de les rétablir, ſous peine d'être les contrevenans pourſuivis extraordinairement, & d'être iceux punis ainſi qu'il apartiendra.

XIX.

Réglemens de Coupes.

SUIVANT les Arpentages faits en exécution de nos Ordonnances, des Forêts & Bois Taillis dépendans de ladite Maîtriſe d'Arques, il s'eſt trouvé qu'elles contiennent ;

SÇAVOIR,

Foreſt d'Arques.

La Foreſt d'Arques dix-ſept cens cinquante-ſix Arpens, qui ſont diviſez en deux Gardes, à peu près de même étenduë, & dont il ſe coupe annuellement neuf Arpens ſur chacune deſdites deux Gardes : Cette Foreſt pouvant porter leſdites deux Coupes, Nous ſommes d'avis, ſous le bon plaiſir de Sa Majeſté, qu'elle ſoit & demeure reglée à dix-huit Arpens de

Coupes annuelles & ordinaires.

Les vingt-quatre Arpens refervez en 1686. dans cette Foreft, Triage de Sainte-Barbe, étans fur leur retour, dépériffans & pillez ; Nous fommes pareillement d'avis qu'ils foient remis dans l'ordre des Coupes ordinaires, & que cette réferve foit remplacée au Triage de Frémare, dans le Canton de Chêne défigné en nôtredit Procès verbal de Vifite.

La Foreft d'Hellet auffi divifée en deux Gardes, contient en tout treize cens quatre-vingt-deux Arpens.

La Garde-Coûtumiere de Saint-Antoine qui en dépend, contient cent quatre-vingt Arpens.

Le Mont-Ricard, foixante-dix.

Et la Haye de Mortemer, deux cens cinquante-un Arpens : Le tout formant enfemble la quantité de dix-huit cens quatre-vingt-trois Arpens, fituez en la Grurie du Neufchâtel, & dont les Coupes ont été reglées par Arreft du Confeil, du 30. Juin 1731. à raifon de trente Arpens de Coupes ordinaires par chacun an, au lieu de quarante-un Arpens qui étoient coupez avant : Au moïen de ce Réglement ces Bois font portez à foixante ans, ce qui eft avantageux au recrû de Hêtre : Et comme par autre Arreft du 25. Avril 1724. ledit Mont-Ricard lors en réferve, a été reglé en coupe ordinaire, afin que la Garde de la Queuë-Dumont, Foreft d'Hellet, pût ateindre l'âge compétent, & à la charge de remplacer les foixante-dix Arpens du Mont-Ricard en réferve, à la Haye de Mortemer, ce qui n'a encore pû avoir fon exécution ; pourquoi Nous fommes auffi d'avis que conformément aufdits Arrêts, les Bois de la Grurie du Neufchâtel demeurent réglez en Coupes ordinaires de trente Arpens par chacun an, dont fera coupé dix Arpens, Foreft d'Hellet, Garde d'Equiquemont ; dix Arpens Garde Coûtumiere de Saint-Antoine, & les dix autres Arpens en la Garde de Mortemer, jufqu'à l'entiere révolution des Coupes de cette derniere Garde, après laquelle lefdits dix Arpens feront remis en ladite Foreft d'Hellet,

Foreft d'Hellet.

Garde Saint Antoine.

Mont Ricard.

Haïe de Mortemer.

Garde de la Queuë - Dumont.

Recépage.

Et atendu la dégradation des Bois de Mortemer , Nous sommes d'avis que les Coupes ordinaires y soient faites par Recépage , à la reserve de vingt Baliveaux de l'âge & essence de Chêne , par Arpent , des plus vifs & mieux venans si tant s'en trouve , & de trois pieds de Lisiere le long des rives.

Les Coupes de cette Garde seront commencées par le Triage du Mont-Crotoir & continuées de proche en proche , à quelqu'âge que soit le Bois, pour y être aussi-tôt l'Exploitation faite, mis en défends les soixante-dix Arpens ci-devant en reserve au Mont-Ricard.

Sommes aussi d'avis pour le rétablissement du Mont-Ricard, dont presque tous les Baliveaux sont deshonorez ou ébranchez , d'ordonner le Recépage du recrû & Baliveaux en deux ans, à la seule reserve des trois pieds de Lisiere sur les fossez.

X X.

Forest d'Eaüy.

A l'égard de la Forest d'Eaüy divisée en dix Gardes , contenant ; Sçavoir, la Garde de Bellencombre , deux mille cinquante - un Arpens ; la Garde de Saint - Saëns , quatorze cens trente-six Arpens ; la Garde de Maucomble , neuf cens douze Arpens ; la Garde de Bully , treize cens quatre-vingt-dix Arpens ; la Garde de Pommeréval , quatorze cens quarante-six Arpens ; la Garde de Saint-Martin , dix-sept cens trente-cinq Arpens ; la Garde de Muchedent, dix-sept cens onze Arpens ; la Garde de Torcy, six cens cinquante-deux Arpens ; la Garde du Croc , onze cens trente-quatre Arpens ; & la Garde des Nappes , neuf cens quarante Arpens , faisant en total pour cette Forest , treize mille cent sept Arpens , (non compris les Larris & Terres vaines & vagues réünis par nos Jugemens, & dont l'Arpentage est ci-dessus ordonné) reglez par Arrest du Conseil, du 4. Juin 1726. à quatre-vingt Arpens de Fûtaïe de Coupes ordinaires par chacun an ; ce qui est fort

avanta-

avantageux, pour nétoïer cette Forest de Bois blanc, & donner le tems au Hêtre de parvenir à sa perfection : Et pour l'exécution dudit Arrest du Conseil, il Nous paroîtroit utile que lesdits quatre-vingt Arpens de Coupes fussent distribuez par Garde, ainsi qu'il ensuit ; Sçavoir, douze Arpens en la Garde de Bellencombre, huit Arpens en la Garde de S. Saëns, huit Arpens en la Garde de Maucomble, huit Arpens en la Garde de Bully, sept Arpens en la Garde de Pommeréval, dix Arpens en la Garde de S. Martin, dix Arpens en la Garde de Muchedent, six Arpens en la Garde de Torcy, sept Arpens en la Garde du Croc, & six Arpens en la Garde des Nappes.

X X I.

AYANT reconnu par nôtre Visite de la Garde de Torcy, que cette Garde contenant six cens cinquante-deux Arpens, est presque totalement pillée & dégradée ; Nous estimerions nécessaire pour son rétablissement, d'en faire le Récepage en dix ans, à raison de soixante-six Arpens par an, de Coupe extraordinaire ; & après la révolution des Coupes d'icelle, de rejetter les six Arpens de Coupes ordinaires que fourniroit cette Garde, sur celle des autres Gardes qui auroient une plus grande quantité d'Arpens, jusqu'à ce que le recrû de la Garde de Torcy eût ateint vingt-cinq ans, auquel âge les six Arpens y seroient remis, & la Forest exploitée, ainsi qu'il est réglé ci-dessus.

Récepage.

X X I I.

LES Bois Taillis de Sa Majesté, apellez les Petits-Bois de Longueville, réünis à son Domaine par Arrest du Conseil, du 18. Décembre 1694. contenans trois cens soixante-douze Arpens cinquante perches, dont Sa Majesté joüit actuellement, & lesquels s'exploitent à douze ans, à raison de trente-cinq Arpens de Coupes annuelles, se vendent à bas prix, eu égard au peu d'âge, quoi qu'ils soient en bon fonds, assez fournis de Chênes : Pourquoi il Nous paroîtroit nécessaire, pour le meilleur aménagement d'iceux, de les porter à vingt-

Bois Taillis de Longueville.

B

cinq ans, & d'en régler la Coupe, à raiſon de quinze Arpens
par chaque année.

XXIII.

ORDONNONS que les Aſſiétes des Ventes de cette Maîtriſe, ſe feront de proche en proche, & toûjours à la ſuite de
la Vente derniere uſée, ſur une même ligne droite, à commencer par les Bois les plus âgez, & ſans aucune interru-
ption, ſous quelque prétexte que ce ſoit, & à quelqu'âge que
ſe trouve le Bois, lorſque l'Aſſiéte s'en fera.

XXIV.

RENOUVELLANS en tant que beſoin ſeroit, les Ordonnances & Réglemens de Réformation, concernans les trois
pieds de Liſiere, pour la conſervation des limites des Forêts
du Roy ; Nous ordonnons que lors des Aſſiétes des Ventes
ſituées ſur les rives d'icelles, ainſi que de celles qui ſe trouveront le long des grands Chemins eſdites Forêts, il ſera ré-
ſervé trois pieds de Liſiere ſur la crête des foſſez, en la forme
qui ſera ci-après preſcrite, en l'Article de nôtre preſent Réglement, qui concernera les Aſſiétes.

XXV.

LE deſordre que Nous avons trouvé dans les Procès verbaux d'Aſſiétes, Balivages, Martelages & Ajudications des
Ventes, tant ſur les Regiſtres de ladite Maîtriſe, que dans les
Expéditions qui en ſont délivrées aux Ajudicataires, autori-
ſant pluſieurs abus, & donnant lieu d'éviter les Condamnations & Amendes, pour les contraventions qui ſe commettent
en l'uſance des Bois ; Nous avons cru qu'il ne ſuffiſoit pas
d'enjoindre aux Oficiers de ſe conformer plus exactement aux
diſpoſitions des Ordonnances, mais qu'il étoit néceſſaire de
leur preſcrire la forme qu'ils doivent ſuivre, pour ne s'en point
écarter : Et en conſéquence,

XXVI.

ORDONNONS qu'auſſi-tôt l'enregiſtrement & dépoſt du
Mandement d'Aſſiéte, il en ſera délivré une Expédition à

l'Arpenteur, lequel en conformité tirera ses lignes, & fera le
Mesurage des Ventes y désignées, Ce fait, il sera par les
Oficiers, l'Arpenteur present, procédé à l'Assiéte, & la Vente arrêtée & close entre ses pieds-corniers, parois & autres
Arbres nécessaires à la clôture d'icelle, lesquels seront marquez du Marteau du Roy, & de celui de l'Arpenteur, dont
sera dressé Procès verbal signé des Oficiers & de l'Arpenteur;
& sera la figure de la Vente & position des Arbres de clôture
d'icelle, annexée audit Procès verbal; & à l'instant sera sur la
même Vente, & avant de passer à une autre, procédé au Martelage des Baliveaux à réserver, dont le Procès verbal sera
dressé, mis & signé ensuite de celui d'Assiéte.

X X V I I.

Rétention
des trois
pieds de Li-
siere.

Lorsque les Ventes par leur situation seront sujettes à la
retention de trois pieds de Lisiere, l'Arpenteur sera tenu d'en
faire l'alignement, & seront tous les Arbres, dans la ligne de
séparation desdits trois pieds du surplus de la Vente, marquez
tant du Marteau du Roy que de celui de l'Arpenteur, & le nombre desdits Arbres sera emploïé sur le Procès verbal de Martelage, à ce que les Ajudicataires n'en ignorent, & n'aïent à ou-
trepasser la ligne; & seront, en cas de contravention, su-
jets aux Amendes prescrites par l'Ordonnance, pour les
Arbres de réserve abatus; laquelle Amende sera la même,
tant pour les Arbres aïans l'Empreinte du Marteau, que pour
ceux n'aïans ladite Empreinte, qui seroient abatus au-delà de
la ligne de séparation, sans aucune distinction.

X X V I I I.

Dans les Ventes où il ne se trouveroit d'Arbres à réserver, dans les trois pieds de Lisiere, en sera fait mention dans
le Procès verbal.

X X I X.

Sera par le Cahier des charges, fait défenses expresses aux
Ajudicataires, de couper dans ledit espace de trois pieds,
les recrûs le long des Fossez & Routes servans de limites,

B ij

fous peine d'Amende arbitraire.

X X X.

S'il arrivoit qu'un Hêtre ou Chêne étant dans l'alignement de la Lifiere, eût plufieurs bras, dont quelques-uns ex-
cédaffent la ligne, faifons défenfes aux Ajudicataires d'en faire
fur ce prétexte l'abatis, fous les mêmes peines que s'ils euffent
abatu l'Arbre en fon entier.

X X X I.

Baliveaux à réferver.

Ayant obfervé dans le cours de nos Vifites, que les
Ventes s'exploitent à la feule réferve de vingt Baliveaux par
Arpent ; que cependant il y a dans les Ventes à ufer des Chê-
nes-Baliveaux de la Coupe précédente en état de profiter, &
propres à regarnir les places vuides par la difperfion du
gland, & qui par la fuite feroient des Arbres propres à la Ma-
rine ; Nous fommes d'avis, fous le bon plaifir de Sa Majefté, que lors du Martelage il foit retenu deux Chênes de cette
efpece par Arpent, ou à leur defaut, deux Hêtres, s'il tant s'en
trouve, finon la quantité qui s'en trouvera, dont fera fait
mention dans ledit Procès-verbal, & même des Ventes où il
ne s'en fera trouvé.

X X X I I.

Cahier de Charges.

Le Cahier des charges qui fera dreffé pour les Ajudications,
contiendra d'abord la date du Mandement d'Affiéte, & dif-
tinctement les Ventes affifes, par quantité d'Arpens & Perches,
le nombre des Baliveaux réfervez fur chacune, les Pieds-corniers, Parois & autres Arbres de clôture ; les Arbres des trois
pieds de Lifiere, ou le nombre de ceux marquez pour fervir
d'alignement, avec des défenfes de les outre-paffer ; le tout, conformément aux Réferves qui auront été faites lors des Affiétes
& Martelages, dont les Procès verbaux feront datez dans le
Cahier des charges.

X X X I I I.

Sera fait mention que toutes les Ventes à ajuger, ont
été mefurées à douze pouces pour pied, vingt-deux pieds

pour Perche, & cent Perches pour Arpent , fuivant les Mefurage & Figures dépofez au Gréfe, par l'Arpenteur.

X X X I V.

QUE les Ajudicataires feront refponfables , tant des Délits
commis en leurs Ventes qu'aux Oüies d'icelles, faute de Procès
verbaux de leurs Facteurs ou Gardes-Ventes , rendus dans la
forme, & dans le tems que les Délits auront été commis, pour
mettre en état de pourfuivre les delinquans, s'ils font connus,
& l'Ajudicataire d'obtenir fa décharge , lequel fera tenu de la
pourfuivre à l'Audience fuivante le Procès dépofé, & fans que
les Oficiers puiffent avoir égard aux Procès verbaux rendus
lors & après les Récolemens , à moins que les Délits ne fuf-
fent par eux-mêmes reconnus récens , & comme tels portez
au Procès verbal de Récolement.

X X X V.

SERA auffi inferé audit Cahier des charges, ce que l'Ajudicataire fera tenu d'obferver, pour la Preftation de Serment
de fes Facteurs ou Gardes-Ventes, la forme de leurs Regiftres
pour chaque Vente, & dépofition de l'Empreinte de leur
Marteau au Gréfe ; que faute par lefdits Ajudicataires de rem-
plir les formalitez de l'Ordonnance, les Procès verbaux des
Facteurs feront déclarez nuls , & les Délits demeureront à la
charge des Ajudicataires.

X X X V I.

QUE l'Ajudicataire ne poura commencer l'Ufance de fa
Vente, qu'il n'ait obfervé les formalitez ci deffus, & qu'il ne
foit porteur de fon Ajudication , de l'Extrait du Procès verbal
d'Affiéte & Martelage qui le concerne , & de l'Acte de Réception de Caution-Certificateur , expédiez en forme, & fignez du Gréfier, dont ledit Ajudicataire fera aparoir aux Garde-
Marteau & Garde du Canton , ainfi qu'il eft prefcrit par ladite
Ordonnance de 1669.

X X X V I I.

QUE l'Ajudicataire fournira une Expédition de fon Ajudication au Sieur Grand-Maître, une au Receveur Général, avant l'exploitation ; le païement desquelles Expéditions sera moderément taxé au Gréfier, par le Cahier des charges.

XXXVIII.

SERONT fixez les tems de Coupe & de Vuide ; & à leur expiration il sera dans les delais de l'Ordonnance, procédé aux Récolemens, & les Bois trouvez pour lors gissans ou debout dans les Ventes, seront à l'instant saisis & confisquez au profit du Roy.

XXXIX.

LES termes de païement, tant du prix principal que du Sol & quatre deniers pour livre, seront pareillement portez au Cahier des charges.

X L.

ENSUITE de toutes les Charges ci-dessus, seront inserées les Clauses spéciales pour l'aménagement des Bois & le bien du Service, lesquelles pouroient concerner quelques Ventes en particulier.

X L I.

CET Acte sera terminé par la Clause, qu'outre les Charges y exprimées, les Ajudicataires seront tenus d'observer dans leur exploitation, ce qui est prescrit aux Titres des Assiétes & Récolemens, de ladite Ordonnance de 1669.

X L I I.

SERA ledit Cahier de charges ainsi dressé, arrêté & signé la veille de l'Ajudication, déposé au Gréfe, pour en être pris communication par les Marchands, si bon leur semble ; & avant de procéder à l'Ajudication, en sera fait lecture en entier, en pleine Audience, à ce que personne n'en ignore.

X L I I I.

Ajudications.

ENJOIGNONS au Procureur du Roy d'observer la forme prescrite par l'Ordonnance de 1669. pour les Afiches & Publications des Ventes, & de remettre au Gréfe les Procès verbaux des Gardes, & Certificats des Curez ou Vicaires qui en

auront fait la publication, lefquels feront au bas des Origi-
naux des Afiches.

XLIV.

Lui fera donné Acte de fes diligences & de la remife defdites Afiches, enfuite du Cahier des charges, fur lequel feront pareillement tranfcrits les noms des Villes & Villages,
où lefdites publications auront été faites & lefdites Afiches
apofées, la date des jours, & les noms des Gardes qui en auront raporté Procès verbal.

XLV.

Ce fait les Ventes feront publiées féparément, les En-
chéres reçûës, les noms, domicile & ofres de l'Encheriffeur,
écrites de fuite, fuivant qu'elles auront été faites ; faifons défenfes de porter les fommes en chifre : Les trois feux éteints,
& chaque Ajudication achevée, elle fera à l'inftant fignée
de l'Ajudicataire & des Juges.

XLVI.

Ordonnons que les Expéditions d'Ajudications con-
tiendront Copie entiére du Cahier des charges, & des articles des Ventes concernant l'Ajudicataire : Lefdites Expéditions feront collationnées fur les Minutes d'icelles, expédiées
en Papier, & fignées feulement du Gréfier de la Maîtrife ;
faifons défenfes d'en expédier aucune en Parchemin & dans
une autre forme, à peine de nullité ; & aux Garde-Marteau
& Gardes, d'en reconnoître d'autres, ce qui fera pareillement
obfervé pour les Extraits des Procès verbaux d'Affiétes, Martelages & Actes de Reception de Caution, qui feront délivrez aux Ajudicataires.

Faifons pareillement défenfes au Gréfier, à peine de
concuffion, d'exiger pour fes Expéditions, plus grandes fommes que celles qui lui auront été taxées par le Cahier des
charges.

XLVII.

Les Facteurs & Gardes-Ventes, avant de pouvoir ren-

dre aucuns Procès verbaux à leur décharge & à celle des Ajudicataires, des Délits commis dans leurs Ventes, Oüies & Répon-
fes d'icelles, même de pourfuivre le païement des livraifons
de Bois par eux faites efdites Ventes; feront tenus d'avoir
un Regiftre bien & dûëment relié, coté & paraphé du Maître Particulier, par premier & dernier feüillet, fur lequel
l'Empreinte du Marteau du Marchand fera confignée, & une
pareille mife fur le Regiftre des Bois du Roy, avec Acte
au Facteur de la date du jour que fon Regiftre aura été paraphé. Les Regiftres des Facteurs feront par eux écrits de fuite,
fans laiffer aucun blanc, fans ratures ni interlignes, & con-
tiendront la quantité des livraifons de Bois, les noms des
Perfonnes aufquelles elles auront été faites, les Procès verbaux des Délits par eux reconnus, dont ils délivreront Copie
fignée d'eux, qu'ils feront tenus d'afirmer avec les mêmes
formalitez à obferver pour les Gardes, & après collation
faite par le Gréfier, du Procès verbal dépofé avec le Regiftre
du Facteur, fera écrit en marge dudit Regiftre & au bas dudit Procès verbal, la date de la remife d'icelui; ce qui fera figné
fur ledit Regiftre & Procès verbal, par le Gréfier & le Facteur,
fous peine de nullité, & en fera délivré Expédition au Procureur du Roy, lequel fera à fa requête les diligences néceffaires contre les délinquans.

<h2 style="text-align:center">XLVIII.</h2>

T O U S les Bois façonnez dans les Ventes feront marquez
du Marteau du Marchand, & lors de la livraifon defdits Bois
feront délivrées aux Particuliers des Etiquettes, contenant les
noms de ceux qui les auront reçûs, la qualité & quantité des
Bois; & fera fait mention fur ledit Regiftre, que l'Etiquette a
été délivrée & le Bois marqué du Marteau.

<h2 style="text-align:center">X L I X.</h2>

O R D O N N O N S aux Gardes ou autres Prépofez à la Vifite
des Bois, entrans dans les Villes, Bourgs & autres lieux, d'arrêter & faifir les Bois qui ne feront marquez du Marteau du
Mar-

Marchand-Ajudicataire, enfemble les harnois & bêtes de fomme, même fur la reprefentation des Etiquettes, lorfque ledit Bois ne fera marqué, dont ils rendront fur le champ Procès verbal, pour être à la diligence du Procureur du Roy, prononcé fur l'Amende & Confifcation defdits Bois, harnois & bêtes de fomme, au premier jour d'Audience.

L.

P o u r remédier à l'ufage abufif introduit par les Ajudicataires, de laiffer des Arbres fur pied après le tems de coupe expiré, dont au dépériffement des Bois ils tirent l'Ecorce encore au tems de féve ; faifons défenfes aufdits Ajudicataires, de prolonger le tems de coupe, fous quelque prétexte que ce foit, & de faire de l'Ecorce fur pied, à peine de confifcation des Bois & Ecorce, & d'Amende de cinq cens livres, conformément à l'Article X X V I I I. Titre de la Police des Forêts, de l'Ordonnance de 1669. & aux Oficiers de foufrir & tolérer un femblable abus, à peine d'en répondre, & d'être fufceptibles des mêmes Amendes que les Ajudicataires.

Ecorce fur pied.

L I.

N e pouront pareillement les Ajudicataires prolonger la vuide des Ventes, que conformément à l'Article X L I. du Titre des Affiétes, de ladite Ordonnance : Enjoignons aufdits Oficiers, lors des Récolemens, de faifir fur le champ les Bois giffans ou debout, même les Loges des Gardes des Ventes, qui s'y trouveront lors des Récolemens, & de les confifquer lors du Jugement d'iceux.

Tems de vuide des Ventes.

L I I.

F a i s o n s pareillement défenfes aux Maîtres de Verreries, de laiffer ni referver dans leurs Ventes après le tems de coupe expiré, aucuns Arbres fur le pied, fous prétexte de faire leurs Paniers à Verre, fous peine de confifcation defdits Arbres, & d'être en outre chacun des contrevenans condamné en cinq cens livres d'Amende.

Paniers à Verres.

C

L I I I.

Flotage par des Bois par la Riviere d'Arques.

S E R O N T exécutées suivant leur forme & teneur, les Ordonnances concernant le Flotage des Bois de Sa Majesté par la Riviére d'Arques, & notamment celles de la Réformation de 1668. l'Arrest du Conseil, du 27. Aoust de la même année, & les Ordonnances des Sieurs Grands-Maîtres, des 14. Septembre 1670. & 26. Septembre 1692. Faisons défenses en conséquence, à tous Riverains de la Riviére d'Arques, d'interrompre & troubler les Ajudicataires dans le flotage des Bois du Roy, par ladite Riviére, d'y mettre aucun empêchement ni retard, sous quelque prétexte que ce soit ; leur enjoignons de laisser le Marchepied de ladite Riviére libre & de la largeur de huit pieds au moins, ainsi qu'il a été réglé ; le tout, à peine de trois cens livres d'Amende, dépens, dommages & intérêts des Ajudicataires, conformément audit Arrest du Conseil.

L I V.

Sable & Argille.

L E S Oficiers & Gardes de ladite Maîtrise veilleront à ce qu'il ne soit fait aucuns trous, ni tiré de Sable & Argille dans les Forêts, sans permission préalablement déposée & regittrée au Gréfe ; & au cas de permission pour cause légitime, désigneront les Cantons non dommageables, laquelle désignation sera regittrée ; avec défenses aux Particuliers aïans permission, de s'en écarter, sur les peines & Amendes de l'Ordonnance, Arrêts depuis intervenus, & d'être privez de l'éfet de leur permission.

L V.

Fours à Chaux.

O R D O N N O N S que les Fours à Chaux établis dans la Forest d'Eaüy, Garde de Saint-Martin, & proche les Taillis de Longueville au Bois Cormont, feront incessamment détruits ; faisons défenses à toutes personnes d'en établir de nouveaux, sous les peines portées par ladite Ordonnance de 1669.

L V I.

NE pourront aucuns Particuliers, Seigneurs, Habitans ou Uſagers, Communautez, prétendre aucuns droits d'Uſage, Pâturage ou Panage, qu'ils ne ſoient emploïez dans l'Etat du Roy, arrêté au Conſeil en 1673. ou maintenus par des Arrêts particuliers, dont ils feront aparoir, pour être regiſtrez au Gréfe, après en avoir obtenu l'Atache du Sieur Grand-Maître; de tous leſquels Uſagers ſera fait un Rôle.

L V I I.

FAISONS défenſes auſdits Uſagers de mettre dans les Forêts, un plus grand nombre de Beſtiaux, que celui qui leur aura été acordé, à peine d'être les contrevenans privez du droit de Pâturage & Panage, ſans retour : Ne pouront les Beſtiaux être envoïez à la Foreſt, qu'après les formalitez de l'Ordonnance exactement obſervées.

L V I I I.

LEs Cantons de Bois déſignez aux Uſagers, ne ſeront déclarez défénſables, qu'ils n'aïent au moins ateint l'âge de cinquante ans, cet âge étant néceſſaire pour la conſervation du recrû du Hêtre.

L I X.

LEs Beſtiaux qui ſe trouveront divaguer hors leſdits Cantons, ſeront confiſquez, & où ils ne pouroient l'être, les Propriétaires d'iceux condamnez aux Amendes comme délinquans.

L X.

ENIOIGNONS aux Oficiers de ladite Maîtriſe, d'y tenir exactement la main, & au Procureur du Roy, de faire aſſigner aux Aſſiſes, les Uſagers dont ſera fait apel, leſquels ſeront tenus d'y comparoir, ſous peine de perdre leur droit d'Uſage, pendant l'année qu'ils auront été défaillans, à moins d'excuſe légitime & motivée; leur ſera fait lecture aux Aſſiſes, des Articles de l'Ordonnance & Réglemens concernans les droits d'Uſage, à ce qu'ils n'en ignorent, & aïent à s'y conformer, ſous les peines y portées, lefquelles ne pouront être remifes ni moderées par lefdits Oficiers, qui en demeureroient en ce cas refponfables.

L X I.

Mafures.

ORDONNONS que tous Particuliers Habitans de Mafures aux rives des Forêts de Sa Majefté, Ouvriers en bois, ou autres dont la Profeffion demande confommation de Bois, & qui font dans le cas de la prohibition portée en l'Article XXIII. du Titre de la Police, de l'Ordonnance de 1669. feront tenus de quiter inceffamment lefdites Mafures, & de fe retirer à demi-lieuë au moins des rives defdites Forêts; leur faifons défenfes de s'y établir à l'avenir, fous les peines portées par ladite Ordonnance, & autres qu'il apartiendra: Faifons pareilles défenfes aux Propriétaires defdites Mafures, qui feroient defdites Profeffions, de les habiter par eux-mêmes, & à tous autres, de les loüer ni fiéfer à gens dans le cas de la prohibition, fous lefdites peines, & en outre de la démolition des Bâtimens & Mafures, confifcation des materiaux au profit de Sa Majefté, fans que lefdites Mafures démolies puiffent être à l'avenir rétablies ni rédifiées.

L X I I.

ET à l'égard de ceux, foit Propriétaires ou Locataires de Mafures, reconnus notoirement délinquans, ils feront chaf-fez d'icelles, & les Mafures des Propriétaires délinquans démolies, & les materiaux en provenans confifquez, avec défenfes de les rétablir à l'avenir.

Enjoignons au Procureur du Roy, de faire inceffamment fes diligences pour l'exécution du Prefent, & aux Oficiers d'y tenir foigneufement la main, fous peine d'être refponfables des Délits qu'une pareille négligence pouroit perpetuer.

L X I I I.

Bois des particuliers.

SERONT tenus lefdits Oficiers dans l'exercice de la Police fur les Bois des Particuliers, de fe conformer à ladite Ordonnance de 1669. & aux Arrêts du Confeil, des 19. Février 1709.

& 8. Janvier 1715. concernans les Congez obtenus de Sa Majesté par les Particuliers, pour la coupe de leurs Bois, & d'en faire l'enregistrement sans frais, sous les peines portées ausdits Arrêts.

LXIV.

ENJOIGNONS pareillement ausdits Oficiers de faire exécuter ladite Ordonnance de 1669. & autres Réglemens concernans les Bois des Eclésiastiques, Communautez & Gens de Main-morte, d'y faire les Visites ordonnées, & de punir par Amendes ou autres condamnations, les Délits & abus qu'ils y trouveront, desquels il sera dressé des Procès verbaux, pour arrêter les desordres qui pouroient s'y être introduits, par l'inexécution des Ordonnances.

Bois des Eclésiastiques.

LXV.

PERSONNE ne poura exercer la Pêche sur les Riviéres, de cette Maîtrise, qu'il n'ait été reçû Maître Pêcheur par les Oficiers d'icelle ; & aucun ne poura se servir d'autres Filets que ceux permis, & scellez en plomb du Sceau de la Maîtrise, sous les peines de ladite Ordonnance de 1669.

Pêche.

Et pour l'exacte observation de cet Article, le Procureur du Roy sera tenu de faire assigner aux Assises, tous les Pêcheurs, dont sera fait apel, & ensuite par le Gréfier, lecture du Titre de la Pêche, à ce qu'ils n'en ignorent, & aïent à s'y conformer, sous les peines y portées.

LXVI.

ORDONNONS pour le rétablissement de l'ordre dans le Gréfe de cette Maîtrise, que le Gréfier sera tenu d'avoir incessamment huit Registres cotez & paraphez, dont chacun servira à ce qui est prescrit par l'Ordonnance de 1669. & tiendra les Minutes de son Gréfe en ordre de Liasses, année par année, & chacune séparément.

Registres.

LXVII.

COMME Nous avons reconnu par l'examen des Registres

d'Audience de ladite Maîtrife, qu'outre le mauvais ordre qui s'y eft trouvé, ils font encore remplis de Dires & Soûtiens, pour la plus grande partie inutiles, frivoles & même injurieux; ce qui ne peut fervir qu'à arrêter le cours de la Juftice; & les Condamnations qui doivent être prononcées fans retardement, contre les delinquans: Faifons défenfes de recevoir & admettre femblables Dires fur les Regiftres; & n'auront les dénommez aux Procès verbaux des Oficiers, Gardes ou Facteurs, d'autre voïe de fe pourvoir contre, que par l'Infcription de faux, en obfervant en ce cas, les formalitez néceffaires; leur fera libre néanmoins de fournir des défenfes, & de les faire fignifier au Procureur du Roy, fur les Affignations à eux commifes, pour y avoir en jugeant tel égard que de raifon, fans en charger le Plumitif.

LXVIII.

Minutes.

AYANT remarqué que dans le nombre des diférentes Piéces à Nous produites par les Riverains defdites Forêts, concernant les Congez des Coupes, & autres Actes émanez, tant du Sieur Grand-Maître que des Oficiers, les Minutes qui devroient être au Gréfe, Nous auroient été reprefentées par lefdits Riverains: Et pour remédier à cet abus, qui ôte aux Oficiers la connoiffance de ce qui concerne leur Jurifdiction, & expofe les Parties à la perte irréparable de leurs Titres; Nous ordonnons que toutes les Minutes des Actes faits & fignez par lefdits Oficiers, ou à eux adreffez, demeureront dépofées au Gréfe, dans l'ordre defdites Liaffes, pour y avoir recours au befoin, & n'en feront délivrez aux Parties, que des Expéditions collationnées & fignées du Gréfier.

LXIX.

Procès verbaux de Vifites du Maître Particulier & Garde-Marteau.

LE Maître Particulier & le Garde-Marteau dépoferont au Gréfe de ladite Maîtrife, les Procès verbaux de Vifite qu'ils font tenus de faire pendant le cours de l'année; & le jour de la remife de ces Procès verbaux, fera portée fur le Regiftre d'Audience, dont ils retireront Extrait ; faute de quoi , ne feront païez de leurs Gages pour l'année.

L X X.

SERONT lefdits Procès verbaux communiquez au Procureur du Roy, pour fur iceux être par lui fait les diligences néceffaires.

L X X I.

L'ABANDON dans lequel Nous avons trouvé le Marteau du Roy, étant très-préjudiciable aux intérêts de Sa Majefté , Nous ordonnons, conformément à l'Ordonnance de 1669. que ledit Marteau fera exactement enfermé fous les trois clefs diférentes , & dépofé au Gréfe, & ne fera tiré de fon Etui que pour les opérations néceffaires , à chacune defquelles fera fait mention , dans le Procès verbal qui en fera dreffé, de l'ouverture faite dudit Etui, par lefdites trois clefs , de l'extraction & remife dudit Marteau, fermeture dudit Etui , & du jour de fon dépoft au Gréfe, fous peine par les Oficiers de demeurer refponfables des abus qui en pouroient réfulter , d'Amende arbitraire , & même de plus grande peine , fuivant l'exigence des cas.

Marteau du Roy.

L X X I I.

LORSQUE les Gardes, dans la Vifite de leurs Cantons, trouveront des Délits , ils en drefferont à l'inftant leur Procès verbal , contenant la nature du Délit, le nom & domicile du delinquant , lequel Procès verbal fera afirmé & dépofé au Gréfe, dans les delais de l'Ordonnance.

Raports des Gardes.

L X X I I I.

LORS de la remife de ces Procès verbaux, le Gréfier en datera le jour, tant au bas du Procès verbal dépofé, qu'en marge du Regiftre du Garde, dont fera auffi-tôt délivré Expédition au Procureur du Roy, contenant pareillement les dates de la remife,de l'afirmation d'icelui, & du jour qu'il aura été expédié.

L X X I V.

APRE's que le Procureur du Roy aura reçû les Expéditions desdits Procès verbaux, il chargera les Huissiers ou Gardes, d'en donner copie aux delinquans y dénommez, avec assignation au plus prochain jour d'Audience.

L X X V.

SUR ces Assignations & à leur écheance, le Procureur du Roy poursuivra les Condamnations contradictoires ou par defaut, contre les delinquans ; & il sera expressément fait mention dans la Sentence qui interviendra, que lecture a été faite du Procès verbal & Exploit d'assignation , qui seront datez dans la Sentence, & seront liquidées les sommes d'Amende & Restitution prononcées ; ensemble les Frais & salaires des Gardes & Huissiers, taxez par ladite Sentence, dont Expédition sera délivrée au Procureur du Roy, & signifiée à sa requête aux condamnez, avant d'être portée sur les Rôles d'Amendes.

L X X V I.

LES Sentences bien & dûëment signifiées, seront remises au Gréfe, & emploïées sur lesdits Rôles d'Amendes, qui seront arrêtez tous les mois, conformément à ladite Ordonnance de 1669. & à l'Edit du mois de Mai 1716. & sous les peines y portées.

L X X V I I.

LA date & le montant de chaque Rôle arrêté, seront portez sur le Regiſtre, à la premiere Audience de chaque mois.

L X X V I I I.

SERA délivré par le Gréfier au Receveur des Amendes, une Expédition des Rôles arrêtez, dont la Minute reſtera au Gréfe ; & le Receveur mettra au pied d'icelle son Récépiſſé, contenant la date du jour que la remise lui en aura été faite, dont sera fait mention au pied de l'Expédition délivrée ; ce qui sera signé du Receveur & du Gréfier.

LXXIX.

LXXIX.

L E Receveur des Amendes en dreſſera le Compte de chaque année, par Chapitres de Recette diſtincts, & du montant
des Rôles de dépenſe & repriſe qui doivent lui être légitime-
ment alloüez.

LXXX.

N E lui feront alloüez d'autres Procès verbaux de Carence, que ceux contenans l'inſolvabilité du condamné, au bas
duquel ſera le Certificat du Curé de ſa Paroiſſe, contenant la
connoiſſance perſonnelle qu'il aura de la pauvreté du délinquant, & le Certificat du Collecteur des Tailles.

L X X X I.

C H A Q U E Procès verbal de Carence ne ſervira que pour
un délinquant; faiſons défenſes d'y en emploïer pluſieurs, ſous
peine de nullité & de radiation au Compte.

L X X X I I.

L E S Comptes feront jugez & émargez, article par article,
avant d'en faire l'arrêté & reliqua, ſi le cas y échet.

L X X X I I I.

A P R E'S la reddition des Comptes ſera délivré au Procureur du Roy, un Etat contenant les noms & demeures des
délinquans en Carence & en récidives, leſquels ſeront déclarez
bannis de l'étendüe de la Maîtriſe ; la Sentence qui ſur ce interviendra, leur ſera ſignifiée, publiée & afichée par tout où beſoin ſera ; & leur ſera enjoint de garder leur ban, ſous les
peines au cas apartenant.

SERONT nos preſens Réglemens lûs & publiez au Siége de la
Maîtriſe d'Arques, dépoſez au Gréfe d'icelle & en celui de la
Grurie du Neufchâtel; enſemble nos Jugemens concernans les
Riverains des Forêts de Sa Majeſté, dans l'étendüe de ladite
Maîtriſe, les Plans & Figures deſdites Forêts, les Procès ver-
baux d'Arpentage & Bornage faits en exécution de nos Or-
donnances, pour être enſuite exécutez ſuivant leur forme

D

& teneur ; dont & de tout ce qui concerne la preſente Réformation, ſera à la diligence du Procureur General d'icelle,
fait un Volume relié, & collationné par nôtre Gréffier, pour
ſervir de régle aux Oficiers de ladite Maîtriſe, & par eux y
avoir recours au beſoin. FAIT & arrêté à Roüen, ce Mardi
ſeptiéme jour de Septembre mil ſept cens trente-quatre.

Signez, DURAND DE MISSY, LE PAIGE, CHERET,
& GALLOIS, avec paraphes.

Collationné, Signé, COUSIN DE VINVAL.

LXXXI.

LXXXI.

JUGEMENT

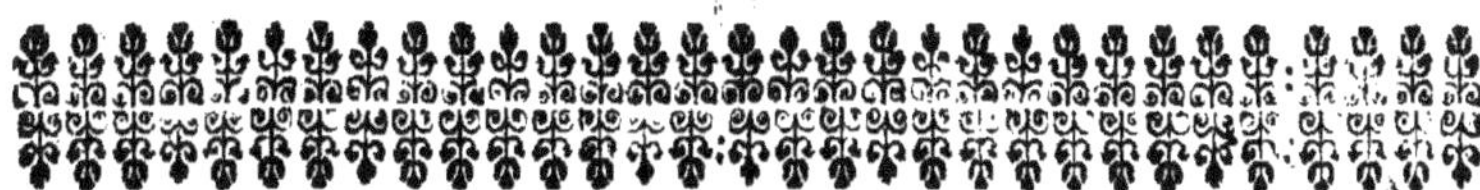

JUGEMENT SOUVERAIN

RENDU par Messieurs les Commissaires-Generaux-Réformateurs de la Maîtrise des Eaux & Forêts d'Arques, Département de Roüen, contre les Oficiers d'icelle.

Du 31. Aoust 1734.

VEU par Nous PIERRE-AUGUSTIN DURAND Chevalier, Seigneur DE MISSY, Conseiller du Roy en ses Conseils, & son Procureur Genéral au Parlement de Normandie ; PIERRE-ALEXANDRE LE PAIGE Chevalier, Seigneur du Portpinché, Lieutenant Particulier au Bailliage & Siége Présidial de Roüen ; & CHARLES-ANTOINE CHERET, Conseiller du Roy, & son Procureur en la Maîtrise des Eaux & Forêts de Paris, Commissaires nommez par le Roy, pour la Réformation generale de la Maîtrise d'Arques, ordonnée par Arrest de son Conseil & Lettres Patentes expédiées en conséquence, le 26. Février 1732. en la presence de Mrs MARC & DE COTTUN, Lieutenant General & Procureur du Roy, au Siége General de la Table de Marbre du Palais de ladite Ville de Roüen ; COUTURE & GUENET DE S. HELIER, Conseillers au Bailliage & Siége Présidial de la même Ville ; le Procès criminel extraordinairement instruit devant Nous, à la requête du Sieur GALLOIS, Procureur General de ladite Réformation, contre les Sieurs de Milleville, Maître Particulier ; de Beuville, Lieutenant ; Jolly, Procureur du Roy ; le Vaillant, Garde-Marteau ; Nicolet, Gréfier de ladite Maîtrise d'Arques ; & le nommé Gassion, Garde dans les Forêts d'icelle : Trois Cahiers d'Informations faites les 23. 25. Mai 1732. 29. Juin, 2. 5. 8. & 31. Juillet, 10. Aoust 1733. & 8. Janvier 1734. 4. & 5. Juin 1732. 11.

A

16. & 29. Juin 1733. en conséquence de nos Ordonnances des 23. Mai, 2. Juin, 29. Aouſt 1732. 9. Juin & 3. Aouſt 1733. renduës ſur les Requiſitoires dudit Procureur Genéral : Les Interrogatoires prêtez par ledit Nicollet , les 16. 17. 18. Juin 1732. & 7. Aouſt 1733. Ceux ſubis par ledit Sieur de Milleville, les 25. & 26. Aouſt 1732. & 11. Aouſt 1733. Ceux auſſi prêtez par ledit Sieur Jolly, les 27. Aouſt 1732. & 11. Aouſt 1733. Celui pareillement ſubi par ledit Sieur le Vaillant, les 13. & 14. Juin 1732. Celui prêté par ledit Gaſſion , le 19. Aouſt 1732. Et enfin , celui ſubi par ledit Sieur de Beuville , les 20. & 21. Juillet 1733. Le Cahier de Récolement des Témoins entendus , & des Acuſez ſur leurs Interrogatoires, en date des 30. & 31. Décembre 1733. 2. 4. 7. 9. & 11. Janvier 1734. Le Cahier de Confrontation deſdits Témoins auſdits Acuſez, & deſdits Acuſez les uns aux autres, en date des 30. & 31. Décembre 1733. 2. 4. 7. 8. 9. 11. 12. 13. 14. 15. 16. & 18. Janvier 1734. Nôtre Procès verbal de Viſite des Liſieres abatuës dans les Ventes du Val-Ninet, du Grand-Chemin de S. Martin , de la Salendriere & du Camp-Souverain, dreſſé les 1. & 2. Juillet 1733. Vû auſſi tous les Papiers & Regiſtres dépoſez du Gréfe de ladite Maîtriſe à celui de la Réformation, en conſéquence de nôtre Procès verbal, du 9. Mai 1732. & autres jours ſuivans : Et genéralement tout ce qui s'eſt fait au ſujet de l'Inſtruction dudit Procès criminel ; enſemble les Concluſions définitives du Procureur Genéral de ladite Réformation , & les derniers Interrogatoires de tous leſdits Acuſez ; dont du tout lecture faite : Et oüi le Raport du Sieur le Paige Commiſſaire ; la Matiere miſe en délibération, & tout conſidéré ;

NOUS DITS Commiſſaires faiſans droit ſur le tout, avons déclaré ledit Sieur de Beuville Lieutenant en ladite Maîtriſe d'Arques, ateint & convaincu d'avoir fait couper

& enlever par récidives, plusieurs Charetées de bois, & plusieurs Chênes à bâtir & Hêtres, tant au-dedans & milieu de la Forest d'Eaüy, que sur les rives & Fossez, même d'en avoir vendu un, & fait combler partie desdits fossez; d'avoir fait construire aux rives de ladite Forest, des Fours à chaux & à briques; comme aussi, de n'avoir fait aucunes Visites genérales des Forêts de ladite Maîtrise, pendant l'interdiction du Sieur de Milleville Maître Particulier de ladite Maîtrise; d'avoir de complicité avec les autres Oficiers d'icelle, reçû plusieurs Presens donnez par les Marchands de Bois; fait plusieurs Repas & bûvettes, lors des Récolemens, & d'avoir été défraïé par lesdits Marchands, tant chez eux, chez leurs Facteurs, qu'au Cabaret: Pareillement ateint & convaincu d'avoir par aféctation ou autrement, retardé & empêché le Jugement des Procès verbaux du Sieur le Vaillant Garde-Marteau; & autres abus & prévarications mentionnez au Procès: Pour punition de quoi, icelui Sieur de Beuville condamné en Deux mille livres d'Amende envers le Roy, en outre les deux sols pour livre de ladite somme; sadite Charge de Lieutenant en ladite Maîtrise d'Arques, déclarée aquise & confisquée au profit de Sa Majesté, & déclaré incapable d'en exercer aucune autre à l'avenir, dans les Maîtrises des Eaux & Forêts. Ledit Sieur de Milleville pareillement déclaré ateint & convaincu de n'avoir fait & réïtéré ses Procès verbaux de Visite des Forêts de ladite Maîtrise d'Arques, suivant qu'il lui étoit prescrit par l'Ordonnance de 1669. & l'Edit de 1716. d'en avoir fait quelques-uns informes, sous des dates suspectes & surchargées, & en termes totalement contraires au véritable état des Forêts; d'avoir soûfert le Marteau de ladite Maîtrise, abandonné dans le Gréfe d'icelle & sans clefs; d'avoir de son propre mouvement & sans aucunes formalitez, marqué seul du Marteau de ladite Maîtrise, & fait marquer par le Commis du Gréfe, des Baliveaux dans les Ventes, après les

Ajudications ; comme auſſi, de n'avoir de ſa propre reconnoiſſance, fait aucunes Aſſiétes des Ventes, depuis ſa Réception en ladite Charge de Maître Particulier, & néanmoins en avoir fauſſement ſigné comme preſent, les Procès verbaux trouvez ſur les Regiſtres ; d'avoir fait & ſigné aucuns Procès verbaux de Martelages & Balivages, dans des jours & ſous des dates ſuſpectes ; d'avoir ſoufert ſur les Regiſtres de ladite Maîtriſe, pluſieurs Renvois, Surcharges, Ratures & Tranſpoſitions non aprouvez : Pareillement ateint & convaincu d'avoir de complicité avec les autres Oficiers, fait pluſieurs Repas & bûvettes, lors des Récolemens, chez les Ajudicataires, leurs Facteurs, au Cabaret, aux dépens deſdits Marchands - Ajudicataires ; d'avoir reçû pluſieurs Preſens d'eux annuellement, & d'avoir contre & au préjudice de l'Arreſt du Conſeil, du 8. Janvier 1715. dûement enregiſtré en ladite Maîtriſe, pris des ſommes d'argent des Particuliers, pour permiſſion d'abatre des Hauts-Bois ; de n'avoir fait marquer dans les trois pieds de Liſiere, les Arbres réſervez par les Mandemens, & mentionnez aux Procès verbaux d'Aſſiétes ; d'avoir contre & au préjudice de ladite Ordonnance & dudit Edit, négligé de viſer les Rôles des Amendes, dans leur tems ; d'en avoir viſé pluſieurs ſous la même date, & pluſieurs autres ſans date ; d'avoir arrêté des Comptes ſans Concluſions du Procureur du Roy, & ne s'être conformé aux Ordonnances, au ſujet des délinquans en récidive, & paſſé pluſieurs fois en carence, ce qui a ocaſionné leur inſolvabilité, & la perte preſque totale des Amendes, depuis 1717. Pour punition deſquelles contraventions, prévarications & autres abus réſultans du Procès, ledit de Milleville déclaré incapable de poſſéder aucune Charge dans les Maîtriſes des Eaux & Forêts ; à lui enjoint de ſe défaire de ſa Charge de Maître Particulier, dans trois mois de ce jour ; & faute de ce, ladite Charge déclarée impétrable, ſans qu'il ſoit beſoin d'aucun autre Jugement : Ledit Sieur de Milleville en outre condamné en Trente mille livres d'Amende envers le Roy, & aux deux sols pour livre de ladite somme. Ledit Sieur Jolly Procureur du Roy en ladite Maîtrise, ateint & convaincu d'avoir contre & au préjudice de ladite Ordonnance & Arrest du Conseil, laissé le Marteau du Roy, abandonné dans le Gréfe sans être enfermé ; d'avoir soufert le Gréfier de la Maîtrise & autres, faire seul & en particulier, des Martelages & Balivages ; d'avoir de complicité avec ledit Sieur de Milleville, signé aucuns Procès verbaux de Martelage & Balivage, dans des jours & sous des dates suspéctes ; comme aussi, de n'avoir requis ni fait faire aucunes Assiétes de Ventes, & néanmoins d'en avoir de complicité avec ledit Maître Particulier, faussement signé comme present, les Procès verbaux faisans mention de Martelage, de Pieds-corniers & Arbres de paroi ; de n'avoir réservé & fait marquer, dans plusieurs Ventes, les Arbres dans les trois pieds de Lisiére, portez en réserve dans le Mandement du Grand-Maître, & Assiétes de l'année 1730. d'avoir plusieurs fois retardé le Jugement des Procès verbaux dudit Garde-Marteau, en refusant d'y conclure, suivant l'usage & aux termes de l'Ordonnance ; d'avoir de complicité avec ledit Maître Particulier, exigé & reçû de l'Argent des Particuliers, pour Permission d'abatre des Hauts-Bois ; d'avoir reçû annuellement des Presens des Marchands de Bois, pris des Repas chez eux, sur les Ventes, lors des Récolemens, & s'être fait défraïer leurs Valets & Chevaux au Cabaret, par lesdits Marchands-Ajudicataires : Pareillement ateint & convaincu de n'avoir, suivant & aux termes de l'Ordonnance, poursuivi les Gréfier & Collecteur des Amendes, aux fins de la confection des Rôles en forme, suivant l'Edit de 1716. & diligences en conséquence, & le Receveur des Amendes, aux fins de la reddition de ses Comptes ; de n'avoir suivant la rigueur de ladite Ordonnance & du-

Arrest du Conseil, du 16. Novembre 1688.

dit Edit, conclu contre les délinquans en récidives, aprochez des quatre & cinq fois dans la même Audience, & réïtéré les Audiences fuivantes ; lefquels abus & contraventions ont donné lieu à l'infolvabilité & perte de la plus grande partie des Amendes : Pour punition de quoi & des autres prévarications réfultantes du Procès, icelui Sieur Jolly déclaré incapable de poffeder aucunes Charges dans les Maîtrifes des Eaux & Forêts ; enjoint à lui de fe défaire de fa Charge de Procureur du Roy, dans trois mois de ce jour ; finon, & à faute de ce, icelle déclarée impétrable, fans qu'il foit befoin d'autre Jugement : Ledit Sieur Jolly condamné en outre en Vingt mille livres d'Amende envers le Roy, & aux deux fols pour livre de ladite fomme. Ledit Nicollet Gréfier de ladite Maîtrife ateint & convaincu de plufieurs abus, négligences & contraventions dans l'exercice de fon Gréfe ; d'avoir de complicité avec fes Juges, fauffement porté & fait figner fur fon Regiftre, des Procès verbaux d'Affiétes qu'ils n'avoient faites ; de n'avoir dreffé les Rôles, dans les tems & en la forme prefcrits par l'Edit de 1716. Pour punition de quoi, icelui Nicollet condamné en Trois mille livres d'Amende envers le Roy, & aux deux fols pour livre de ladite fomme ; déclaré incapable d'exercer par lui-même, les fonctions de Gréfier de la Maîtrife d'Arques ; défenfes à lui d'en faire aucunes, fous peine de faux : defquelles Amendes de Trente mille, Vingt mille & Trois mille livres ci-deffus jugées, lefdits Jolly & de Milleville font déclarez folidairement prenables entr'eux, jufqu'à la fomme de Dix mille livres, & deux fols pour livre. Et pour la faute commife par ledit Sieur le Vaillant Garde-Marteau en ladite Maîtrife, d'avoir participé depuis fa Réception, à aucuns des abus & contraventions commis par lefdits Sieurs de Milleville & Jolly, qu'il lui fera enjoint d'etre plus circonfpect à l'avenir, dans fes fonctions ; à laquelle fin, il fera mandé devant Nous ; ledit le Vaillant en outre condamné en Trois cens livres d'Amende envers le Roy, & aux deux fols pour livre de ladite fomme. Et pour la faute pareillement commife par ledit Gaffion Garde en ladite Maîtrife, d'avoir de fa propre reconnoiffance, reçû des Bleds & Avoines, pour foûfrir les Beftiaux pâturer dans les Ventes de fa Garde, mettre les Porcs fous les Hauts-Bois, & d'avoir laiffé enlever les Arrachez, pour pareille rétribution de Bled & Avoine ; icelui banni à perpétuité des Forêts, & condamné en Trois cens livres d'Amende envers le Roy, & aux deux fols pour livre de ladite fomme : Et permis au Procureur Genéral de la Réformation, de faire regiftrer le prefent Jugement, au Gréfe de ladite Maîtrife d'Arques, le faire imprimer & aficher où il avifera bien être : Et fera pareillement ledit Jugement envoïé au Siége General des Eaux & Forêts de la Table de Marbre de cette Ville de Roüen, pour y être enregiftré en tant que befoin fera. FAIT à Roüen, ce trente-uniéme jour d'Aouft mil fept cens trente-quatre.

Signez, DURAND DE MISSY, LE PAIGE, CHERET, N. F. MARC, DUHAMEL DE COTTUN, COUTURE, & GUENET DE S. HELIER, avec paraphes.

Collationné, Signé, COUSIN DE VINVAL.

JUGEMENT

JUGEMENT SOUVERAIN

RENDU par Messieurs les Commissaires-Généraux-Réformateurs de la Maîtrise des Eaux & Forêts d'Arques, Département de Roüen, au sujet d'un faux Marteau du Roy, fabriqué & mis en usage dans les Forêts de ladite Maîtrise.

Du 2. Septembre 1734.

VEU par Nous PIERRE-AUGUSTIN DURAND Chevalier, Seigneur DE MISSY, Conseiller du Roy en ses Conseils, & son Procureur Général au Parlement de Normandie ; PIERRE-ALEXANDRE LE PAIGE Chevalier, Seigneur du Portpinché, Lieutenant Particulier au Bailliage & Siége Présidial de Roüen ; & CHARLES-ANTOINE CHERET, Conseiller du Roy, & son Procureur en la Maîtrise des Eaux & Forêts de Paris, Commissaires nommez par le Roy, pour la Réformation Generale de la Maîtrise d'Arques, ordonnée par Arrest de son Conseil & Lettres Patentes expediées en conséquence, le 26. Février 1732. en la presence de M.rs MARC & DE COTTUN, Lieutenant General & Procureur du Roy, au Siége General de la Table de Marbre du Palais de ladite Ville de Roüen ; COUTURE & GUENET DE S. HELIER, Conseillers au Bailliage & Siége Présidial de la même Ville ; le Procès extraordinairement instruit devant Nous, à la requête du Sieur GALLOIS, Procureur General de ladite Réformation, contre les nommez Helie Marchand de Bois, Leclerc Commis ou Superfacteur des Marchands ; Landa, Poignie & Houssaye dit Vallery, Facteurs ; Anne Lancien femme dudit Leclerc, & Boullard aussi Marchand de Bois ; au sujet d'un faux Marteau du Roy, fabriqué & mis en usage dans plusieurs Ventes des

Forêts de ladite Maîtrise : Un Cahier d'Informations faites les 18 19. & 28. du mois de Mai, & 21. Juin de la pre-te année 1734. en conféquence de nos Ordonnances des 13. Mai & 17. Juin derniers : Les Interrogatoires prêtez par ledit Landa, les 29. Mai & 15. Juillet derniers ; Celui fubi par ledit Houffaye dit Vallery, le 13. Juillet auffi der-nier ; Celui pareillement prêté par ladite Lancien femme Leclerc, le 14. du même mois de Juillet de la prefente année ; Celui prêté par ledit Boullard, le 24. dudit mois de Juillet ; Et enfin, celui fubi par ledit Poignie, le 27. du même mois de Juillet : Le Procès verbal dreffé par les Oficiers de la Maîtrife d'Arques, les 29. & 31. Mai de la prefente année ; & celui rendu par le Sieur le Vaillant, Gar-de-Marteau de ladite Maîtrife, le 7. Juin auffi dernier, dé-pofez au Gréfe de ladite Réformation, & joints audit Pro-cès criminel, par Ordonnances des 5. & 17. Juin dernier : Les diligences de la Contumace inftruite contre lefdits He-lie & Leclerc : Le Cahier de Récolement des Témoins en-tendus & defdits Acufez, fur leurs Interrogatoires : Le Ca-hier de Confrontation defdits Témoins aux Acufez, & def-dits Acufez les uns aux autres, en date des 23. & 24. du mois d'Aouft dernier : La Requête à Nous prefentée par ledit Boullard, foufcrite d'Ordonnance du 21. dudit mois d'Aouft, de Soit communiquée audit Procureur General, & jointe : Et generalement tout ce qui s'eft fait au fujet de l'Inftruction dudit Procès criminel ; enfemble les Conclufions définitives du Procureur General de la Réformation, & les derniers Interrogatoires de tous lefdits Acufez ; dont du tout lectu-re faite : Et oüi le Raport du Sieur le Paige Commiffaire ; la Matiere mife en déliberation, & tout confideré ;

NOUSDITS Commiffaires faifans droit fur le tout, avons déclaré les defauts de Contumace bien & dûëment inftruits & aquis, contre lefdits Helie & Leclerc ; & pour le profit & en haine d'icelle, avons déclaré lesdits Helie & Leclerc dûëment ateints & convaincus d'avoir fait ou fait faire un faux Marteau du Roy, & d'avoir avec icelui marqué & fait marquer, depuis deux ans ou environ, plusieurs Arbres & Etocs d'Arbres, dans plusieurs Ventes de la Forest d'Eaüy, au lieu & place des Baliveaux marquez par les Oficiers de la Maîtrise d'Arques, lesquels Baliveaux ils ont fait abatre, après en avoir éfacé les Empreintes : Pour punition & réparation de quoi, iceux Leclerc & Helie condamnez à servir le Roy à perpétuité sur ses Galeres, comme Forçats ; iceux prealablement marquez des lettres GAL. leurs Biens aquis & confisquez au profit de Sa Majesté, ou de qui il apartiendra, sur iceux préalablement pris la somme de Six mille livres d'Amende, en outre les deux sols pour livre de ladite somme, à laquelle lesdits Helie & Leclerc sont condamnez par main commune : Et dautant que la presente Condamnation ne peut être réellement exécutée ès personnes desdits Helie & Leclerc absens & fugitifs, ordonnons qu'elle sera inscrite sur un Tableau, qui pour ce sera ataché par l'Exécuteur, à un Pôteau, qui pour cet éfet sera planté en la Place publique de la Ville de Dieppe : Et pour la faute commise par les nommez Pierre Landa, Pierre Poignie & Nicolas Houssaye dit Vallery, Facteurs, d'avoir sur le commandement & ordre desdits Helie & Leclerc, marqué & aidé à marquer aucuns desdits Arbres & Etocs, avec ledit faux Marteau, iceux Landa, Poignie & Houssaye bannis à perpétuité des Forêts ; défenses à eux faites de faire à l'avenir aucunes fonctions de Facteur dans icelles : Ledit Landa condamné en outre en Cinq cens livres d'Amende envers le Roy, & aux deux sols pour livre de ladite somme ; & lesdits Poignie & Houssaye, chacun en Trois cens livres d'Amende envers le Roy, & aux deux sols pour livre de ladite somme ; & lesdits Helie & Leclerc déclarez prenables desdites sommes & des deux sols pour livre d'icelles : Le nommé Henry

Boullard, & Anne Lancien femme dudit Leclerc, renvoïez quant à prefent ; & au furplus, ledit Boullard & fes Affo- ciez déclarez civilement & fubfidiairement prenables des Amendes & des deux fols pour livre d'icelles, jugées contre lefdits Helie, Leclerc, Landa, Poignie & Houffaye : Permis au Procureur General de la Réformation, de faire imprimer, lire, publier & aficher le prefent Jugement, par tout où il avifera bien être. FAIT à Roüen, le deuxiéme jour de Se- ptembre mil fept cens trente-quatre.

Signez, DURAND DE MISSY, LE PAIGE, CHERET, N. F. MARC, DUHAMEL DE COTTUN, COUTURE, & GUENET DE S. HELIER, avec paraphes.

Collationné, Signé, COUSIN DE VINVAL.